実践する気学

松田　統聖
伊藤聖優雨
共著

東洋書院

はじめに

気学は技法論が比較的シンプルなだけに、かえって実際のケースでの観方や読み取り方が奥が深く、かなり難しい運命学であるといえるでしょう。つまり、すぐに実践に使えるように思えて、実際はどのように読み取ればよいのか、漠然としているということでもあります。このことは、気学を学ぶ人が多いわりに、方位の吉凶のざっくりとした判断以外は、なかなか使いこなせないという現実をよく物語っています。

そこで、本書では『実践する気学』と題して、気学を広く活用したいと願う方々のために、相性、運命、家相について、その観方のポイントを解説していくことにしました。

さらに、「気学一問一答」の章を設け、気学が関わる広い分野にわたる疑問や質問に答える形式で、皆さんが気学を一層深く理解できるように配慮致しました。

また、昨年、聖法氣學會創立六十周年記念論集として発表しました『気学の真髄』を推敲しまして、論旨をより一層鮮明にするために加筆修正し、「完全版」として発表することにいたしました。

本書が、気学を実際に役立てたいと思っている皆様の一助となれば、幸甚これにすぐるものはございません。

平成三十年一月

松田 統聖

目次

第一章　相性の観方

＝相性は相生・相剋だけではわからない＝

1　一白水星の男女の相性

一白水星と一白水星

一白水星の男性と一白水星の女性の組合せの場合は、男性も女性も自分の気持ちを言葉や態度でわかりやすく表現しないタイプなので、とにかく第一歩を踏み出すことが大切です。アレコレと考え、行動に出るのを躊躇して、待ちの姿勢が長いと相手は「自分に関心がない」と思い、二人の距離はいつになっても縮まりません。たとえ不得手であっても積極的に行動することがまず第一歩です。一白水星は頑固なところがありますが、理が通れば、ものわかりのよさも持っています。大切なことは、一白水星の女性は柔和ですが、芯の強いタイプであることを男性のあなたは知っておくことです。相手の芯の強さに反発して、あなたも意地を通そうとすると、一白水星は、陽の星ですから、お互い譲らないため交際は行き詰ってしまうでしょう。一方、一白水星の女性のあなたに取って、一白水星の男性の第一印象は悪くないはずです。というのも互いに大人の星ですから、不用意に相手を傷つけない間合いをとることは難しくはないからです。お互いに大人の物わかりの良さを発揮すれば、スムーズに相手を受け容れることができるでしょう。但し、一白水星の人には、複雑な考え方や含みのあるような言動をしやすい面がありますから、些細なことから疑心暗鬼で嫉妬にかられ悶々とすることもあります。勿論、あなたは大人であるため感情を極力抑えようと冷静に振る舞うでしょう。しかし、感情を抑えきれなくなってしまった時には、独占欲や執着心が強いため、相手を追いかけるような行動を取り、相手を悩ませたりもします。「本命星が同じであれば、調和する相性である」というようには、簡単には判断できません。

一白水星
と
一白水星
の
相性度

45%

一白水星と二黒土星

あなたが一白水星の男性ならば、二黒土星の女性との交際はスムーズなスタートというわけにはいかないでしょう。というのも、あなたは深謀遠慮なところがありますから、基本的に受け身タイプの二黒土星の女性をリードするのに時間をかけようとするからです。しかし、心配はいりません。二黒土星の女性は誠実で、できるだけ相手にあわせようと努力してくれるタイプですから、あなたがもつ大人の考え方や人生観がわかるにつれ、堅実で現実志向が強い二黒土星の女性は徐々に心を開いてくれるでしょう。

あなたが一白水星の女性なら、二黒土星の男性とは、五行の関係からすれば「土剋水」となり、一白水星が二黒土星に脅かされる関係となります。しかし、男女の組合わせとなると別の作用が働くのです。二黒土星の男性は、気むずかしいあなたを寛容に受け容れてくれるありがたい存在になるのです。このように男女の関係は「剋」という単純な論理では判断できないものなのです。むしろ相手の男性は、あなたに主導権を譲ってくれるでしょう。ただ、二黒土星の男性の場合には、内面に秘める粘り強さとプライドの強さが表裏となっていますから、相手の穏やかさに引き込まれて、うっかり相手のプライドを刺激しすぎると、穏やかな二黒土星の男性でも、あなたから去って行くことになるのを忘れてはいけません。

一白水星
と
二黒土星
の
相性度

60%

一白水星と三碧木星

あなたが一白水星の男性ならば、三碧木星の女性に出会うと、機知に富んだ会話、あふれるユーモア、そして物事にこだわらない言動に新鮮な魅力を感じて強く惹かれるでしょう。五行からみても「水」に生かされる「木」という相生の関係です。しかし、三碧木星の女性は活発で、勝ち気で、周りのことは気にせず、思い切りの良い行動を取りがちです。地味で堅実な価値観をもつあなたが、このような三碧木星の女性の積極性を素直に受け入れることができなければ関係は成立しません。また、三碧木星の人は、邪気のない子供のように、高飛車な言動をすることがあります。その時はムキにならず、相手の長所を褒めると、相手もガードをさげてくるでしょう。
あなたが一白水星の女性なら、三碧木星の男性のすばやい決断力や頭脳のシャープさに驚くでしょう。尊敬の念を抱いて「この人についていける」と思い、あなたには好感度の男性に映ります。但し、三碧木星の男性は、「素早さ」と「そそっかしさ」が表裏一体となっていますから、いつもどこか、あぶなっかしいところがあります。ふたりの星は「水生木」で相生の関係ですが人間関係に移し替えると、必ずしも「相生」にはなりません。というのも、二人とも心を惹かれあう気質ですが、星の陰陽の関係からすれば、一白水星と三碧木星はともに陽の気が勝っており、そのため陽の気が共通してもつ「純粋さ」が意地を張ったり、互いに反発し合う要素を含んでいるからです。

一白水星
と
三碧木星
の
相性度

40%

一白水星と四緑木星

あなたが一白水星の男性ならば、ものわかりの良い反面潔白さを併せ持つ気質が特徴です。しかし、いずれにしても、相手は四緑木星の女性ですから、さほど気にせずにあなたに対応してくれるでしょう。また、慎重なあなたが交際を躊躇していれば、相手の女性のほうから積極的に誘ってくるでしょう。そのようなチャンスのとき、あなたが積極性を発揮せずにいると、四緑木星の女性は気まぐれなところがありますから、スーッと別の男性のほうにいってしまいます。ここが一白水星の男性の大きな弱点です。

あなたが一白水星の女性なら、四緑木星の繊細さや穏やかさに惹かれるでしょう。とくに、一白水星という星の気質は男女とも、常識を重んじる「大人の星」をもっている反面、こだわりの強い面をもっています。そのようなとき、四緑木星の男性は気の利いた会話が得意で、話題が多彩で豊富ですから、あなたを充分にサポートしてくれるでしょう。但し、四緑木星の男性がもつ、優しさやあたりの良さは、それと裏腹にある柔弱さが目立つので、あなたにはこの両面を受け容れる気持ちが必要でしょう。

一白水星
と
四緑木星
の
相性度

65%

一白水星と五黄土星

あなたが一白水星の男性ならば、「守りの一白」と「攻守両面を備えた五黄」というパターンになります。五黄土星の女性からみると、あなたは漂々としてつかみどころがない印象もあるでしょう。気むずかしさもある一白水星と、細かいことに囚われず力強く存在感に溢れる五黄土星の女性との組合わせですから、あなたは五黄土星の女性に主導権を握られて癪な思いをすることが多いでしょう。ソフトな雰囲気を漂わせながらも、内面では高いプライドをもっている一白水星のあなたには、五黄土星の女性を柔軟に受け容れることが出来るか、そのためには、あなたの内面にある意地っ張りを自分でコンロールできるかどうかがポイントになります。

あなたが一白水星の女性なら、五黄土星の男性の押しの強さや我の強さに抵抗なく対応できる気質ですから、さほど苦労せずに交際を進められるでしょう。一白水星は陽の星で、しかもあなたが女性ですから、男女あわせた心情をもっています。相手の男性の星、五黄土星も陰陽両面をもっていますから、スムーズな交際にはいるチャンスは多いでしょう。

一白水星と五黄土星の相性度

45%

一白水星と六白金星

あなたが一白水星の男性ならば、六白金星の女性の知性に強く惹かれるでしょう。相手はプライドが高いタイプですが、あなたは持ち前の包容力と穏やかさを備えていますから、充分に対応することができます。また、気位の高い相手に、うまく調子を合わせることは、あなたにとって難しいことではありません。ときおり、相手のマイペースで翻弄されることもあるでしょうが、一白水星の長所である「大人の割り切り」が発揮されれば、交際もスムーズに進むでしょう。また、そうなれば、相手の女性も、自分を越える知性と考え深さをもつあなたに魅力を感じるはずです。結局、あなたが一白水星の長所を発揮できるかどうかがポイントになります。

あなたが一白水星の女性なら、六白金星の男性の決断力やリーダーシップには魅力を感じるでしょう。あなたの本命星である一白水星は、五行では「金生水」の相生の関係ですが、一白水星は陽の星ですから、外見は柔和ですが、実際はかなりきつい気質です。「お山の大将」になるのが好きな六白金星の男性との間で火花が散らないよう自己コントロールすることが必須です。

一白水星と六白金星の相性度

55%

一白水星と七赤金星

あなたが一白水星の男性ならば、七赤金星の女性の性格は明るく派手で、しかも魅力的ですから、自分にない雰囲気をもっている相手の女性に心を奪われるでしょう。しかしお付き合いとなると、一白水星の男性は口数は多くありませんから、何を考えているか分からないところがあって、社交的ではありません。その上、あなたは、物事を裏側まで見通すほどの敏感な感受性と鋭い洞察力をもっていますから、相手の女性の華やかさやシャープさが「外連味《けれんみ》のある」ものであれば、それらがメッキであったと見破るでしょう。しかし、一白水星の男性にとって、七赤金星の女性の多趣味やムード好きに歩調を合わせることは、さほど難しくなく、一白水星の「深みのある雰囲気」で七赤金星の女性を自分のペースにまきこむことができるでしょう。七赤金星の外連味の強さの個人差がポイントになります。

あなたが一白水星の女性なら、相手の七赤金星の男性に、しっかりとした堅実さや信頼性を感じないでしょう。しかし、自分が持ちあわせていないセンスの良さ、一緒にいるだけで何となく楽しい雰囲気を与えてくれる七赤金星の男性に気を惹かれることも事実です。七赤金星の男性がもつ一種の「軽さ」を、女性のあなたがマイナスと感じるかどうかが良否の分かれ目です。

一白水星
と
七赤金星
の
相性度

60%

一白水星と八白土星

あなたが一白水星の男性ならば、八白土星の女性にはいつも押され気味の関係になります。一白水星の星は、五行では「水性」で、「静」「柔」「想」の気質をもっており、「相手をリードする」ということが、得意ではありません。一方、八白土星の女性の場合、五行は「止」「堅」「意」の気質で、やはり、その場の雰囲気を素早く察知して対応するのは得手なタイプではありません。ですから、出会いの第一印象は、互いに、陽の星ですから、ぎごちない雰囲気になりがちです。しかし、暫くすれば、几帳面で堅実タイプのあなたは、八白土星の女性の現実的、実務的対応に好感をもつでしょう。但し、危うさがあるとすれば、八白土星の相手は「意地を張る」タイプですから、あなたがこれに敏感に反応して、同じように意地を張ることが心配されます。ここがポイントになります。

一白水星と八白金星の相性度

55%

あなたが一白水星の女性なら、星の陰陽が相手と同じ陽であるうえに、ともに守りのタイプというカップルになるため、はじめのうちは、会話や間合いのタイミングがなかなか合わないと感じるでしょう。だからといって関係の微妙さを無視して、単に、相剋の論理から、単純に「良くない相性」として割り切るのは、表面的な判断でしかありません。一白水星という星は「気むずかしさ」と「大人としてのものわかりのよさ」の両局面をもっており、この「ものわかりのよさ」の面を出すことができますから意気投合は難しくありません。

一白水星と九紫火星

あなたが一白水星の男性ならば、九紫火星の女性に「華やかさ」「感覚の鋭さ」を強く感じます。とくに、何でもストレートに言う語り口や豊富な表現力に、あなたは新鮮さを感じることと思います。また意外性と繊細性が微妙に混ざり合う九紫火星独特の気質に、あなたの心は動くでしょう。九紫火星の女性も、一白水星の男性の持つ緻密さや知的な雰囲気を好みますから五行で「水剋火」で相剋にもかかわらず、陰と陽の星の組合わせということもあり、自分が拘束されず、自由であれば一白水星の男性を満足できる相手とするでしょう。但し、あなたが相手の女性のウイークポイントである自己コントロールの脆弱さを受け容れられないと失望して、そこで終わることになります。

あなたが一白水星の女性なら、ポイントはあなたがもつ気むずかしさの程度によります。九紫火星の男性がもつ言動や着想の意外性によって、あなたの好奇心が強く刺激されますから交際は急速に発展します。但し、相手の繊細さの中に、あなたが「男性としての頼りなさ」を感じてそれにこだわると、あなたと相手の心が交差することはありません。九紫火星の女性は大胆さと神経の細かさの両面があり、例えれば同じ絵を違う照明のもとで見るような、二面性を持ちあわせているのです。

一白水星
と
九紫火星
の
相性度

55%

2　二黒土星の男女の相性

二黒土星と一白水星

あなたが二黒土星の男性ならば、生き方は「常識的」な判断基準に立っていますから、一白水星の人の考え深さ、ときには裏面を持っているような考え方の人と交際していくのに苦労します。一白水星の女性は潔癖な性癖が強かったり、気むずかしいタイプが多いので、内面ではプライドが高い二黒土星の男性は、このような一白水星の女性の癖が強いと徐々に遠のいて行きます。二黒土星と一白水星の組合わせは、双方とも感情をストレートに外に出さないタイプですから、とりあえずは、穏やかな交際になるように思えますが、しかし、早い段階で互いに感性の違いを感じるために、理解しあうには時間がかかります。

あなたが二黒土星の女性であれば、実務的、堅実的な性格なので、一白水星の男性の思慮深さや几帳面さに信頼感をもつでしょう。但し、一白水星の男性が逡巡して、決断がなかなか下せないようなことが重なれば、二黒土星の女性は不信感を抱いて、相手から離れていくことになります。但し男性が一白水星、女性が二黒土星という組合わせは、男女それぞれの星の陰陽が、陰と陽というバランスのとれた関係ですから、かりに感情のぶつかり合いがあっても、厳しい衝突までには発展しません。

二黒土星
と
一白水星
の
相性度

50%

二黒土星と二黒土星

二黒土星の男性と二黒土星の女性の組み合せの場合は、同じ九星、星の陰陽も同じであるので、似た者どうしということになり、互いに一緒にいて気が楽な関係と言われますが、互いに気質が似ているため、相手の中に、自分をみているようで、そうなると、必ずしも手放しで「良い関係」とは言えません。ただ、互いに二黒土星の場合は、周囲の目を惹くような派手な付き合い方にはなりませんが、信頼関係はしっかりとしたものになります。また、二黒土星どうし、堅実という考え方では意気投合するのですが、優柔不断な面があり、なかなか次の行動に踏み出せず、周囲をイライラさせることもあります。概ね、この星の関係は、地味に続いていくことが多いのですが、交際して行く中で、二黒土星の人は、相手のことを勘ぐり過ぎて誤解し、勝手に感情を損ねるというようなモヤモヤした一人相撲をすることがあります。そのため、お互いに感情を表に出さず、しばしば「陰に意地を張る」ことになってしまいます。この態度が出ると、交際は意地の張り合いになって、泥沼に入ってしまいます。逆に、どちらかが積極的にイニシアチブをとれば、よりスムーズな交際になるでしょう。

二黒土星
と
二黒土星
の
相性度

55%

二黒土星と三碧木星

あなたが二黒土星の男性ならば、五行で「木剋土」の相剋・殺気なり、男性側が剋される側になりますから、男性にとっては、やや「シンドイ」組合わせになるというのが一般的な判断です。事実、三碧木星の相手は、たとえ女性であっても、好奇心やチャレンジ精神が旺盛で積極的なタイプであるのに対して、二黒土星の男性は受け身で保守的ですから、成長する樹木を連想させる積極的な気質と、田畑のイメージの二黒土星とは、対極のような位置にあります。しかし、実際には、あなたが相手の三碧木星の女性に対して、持ち前の粘り強さと精神的タフさで受け容れることができれば、結果として夫唱婦随でスムーズな交際を成立させることも、難しいことではありません。

あなたが二黒土星の女性なら、三碧木星の男性を理解して受容するのには、ハードルはさほど高くありません。ただし、交際の中で、相手の男性の対応の仕方や判断、行動が、「気分屋」「軽はずみ」あるいは「猪突猛進」的な印象をうけることがあり、それが原因で、相手に失望することは大いにあります。逆に、あなたが相手の感性の鋭さや決断力、ウイットのある会話に惹かれ、そこに母性愛的な感情も加われば、交際は予想外に進展するでしょう。

二黒土星
と
三碧木星
の
相性度

75%

二黒土星と四緑木星

あなたが二黒土星の男性ならば、四緑木星の女性は、物腰が柔らかく、楽しい交際を期待できるでしょう。この点では、交際相手としては比較的良いタイプです。しかし、二黒土星のあなたは我慢するところがあり、一方の四緑木星は頑固なところがありますから、どちらも我慢の緒が切れると、つむじ風になったり、無言の抵抗をとったりしてこじれることがあり、修復は簡単ではありません。また、二黒土星のあなたが相手の会話をうまくキャッチして、返せなかったり、あなたの反応が遅く、あるいはスローペースであったりすると、相手はあなたに失望します。四緑木星は拘束されるのを嫌がるタイプですから、充分に気をつけて下さい。とにかく、四緑木星の相手に従っていくことが出来るかどうかがポイントになります。

あなたが二黒土星の女性なら、常に堅実、実利的な姿勢ですから、テンポの軽妙な四緑木星の男性との交際は、自然とあなたが主導権をにぎることができれば、交際はスムーズにすすみます。相手の男性は優柔不断な面もあります。交際を進めるには、二黒土星のあなたが積極的になれるかどうかがポイントになります。

二黒土星
と
四緑木星
の
相性度

50%

二黒土星と五黄土星

あなたが二黒土星の男性ならば、度胸がすわった五黄土星の女性との組合わせは悪くありません。日常生活での価値観の方向性が似ている為、違和感も感じません。但し、二黒土星のあなたにとって、相手の女性は五黄土星ですから、表面は柔和でも、内面は我が強く、人の言うことをきかないことがあります。幸い、二黒土星の男性は、粘り強さが持ち味ですから、この姿勢で対応すれば、交際はスムーズにすすみます。

あなたが二黒土星の女性なら、五黄土星の男性についていくのは、さほど難しいことではありません。二黒土星の女性は世話好きの気質が多く、懐の深い五黄土星の男性との組合わせは悪くありません。ただ、五黄土星の男性は何を考えているのか、つかみきれないところがありますが、土性は五行の五気のなかでも、気質のリズムに同調性が高いうえに、あなたが守りの二黒土星、相手の男性が攻めの五黄土星ですから、攻守が所をえていると言えます。五黄土星の男性は、集団を率いることが得手で、その分、我も強い星ですが、それと反対に二黒土星は、従順と粘りを得意とし、五黄土星の男性の言動に従っていきますから、交際は長く続くでしょう。しかも五黄土星の男性は、運気の上下が激しく、波乱気味な人生が多いものですが、それを苦にしないところが二黒土星の長所です。

二黒土星
と
五黄土星
の
相性度

65%

二黒土星と六白金星

あなたが二黒土星の男性ならば、どちらかというと受動的な気質ですから、頭がよくパワフルな六白金星の女性は、女性らしい柔らかさは少ないという反面、頼りがいのある女性と感じるでしょう。二黒土星と六白金星は、星の陰陽の点からみても、五行の相生相剋からみても、典型的な凹と凸の関係にありますから、互いに同調しやすい気質の関係といえます。ただ、この場合、男性が陰、女性が陽になっていますから、あなたのゆっくりとしたペースの対応、穏やかな言動に物足りなさを感じて、去っていく女性も少なくないでしょう。二黒土星の男性にとって、六白金星の女性は雰囲気や物腰から、自分から積極的に動くにはハードルが高いと感じるところがあります。逆に、あなたが最初から、主導権を六白金星の女性に与えてしまえば、このスタイル

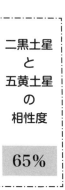

が、あなたにとっても自然体でもあり、交際はスムーズに進みます。

あなたが二黒土星の女性なら、六白金星の男性には父親のような安心感を覚えるでしょう。一見武骨に見える六白金星の男性ですが、心の内面に素朴さや無邪気さをもっており、二黒土星の母親の温かみが、男性の心を癒やします。二黒土星のあなたは、相手の男性に尊敬の念とともに、かいがいしく世話を焼き、癒すでしょう。このように、二黒土星の女性と六白金星の男性との組合わせは、スムーズに展開していきます。但し、二黒土星の女性は、生活感が身についているタイプで、現実的で細かいために、どうしても相手に口うるさくなります。これが度を過ぎると六白金星の男性は疎ましく感じて、あなたを避けるようになるでしょう。

二黒土星
と
六白金星
の
相性度

60%

二黒土星と七赤金星

あなたが二黒土星の男性ならば、七赤金星の女性に尻に敷かれてしまわないように注意しなければなりません。どちらかと言えば引っ込み思案のあなたと比べると、七赤金星の女性は積極的で社交性に富んでいますから、受け身的なあなたに、ハッパをかけるような強さをもっています。しかし、あなたはチャーミングな七赤金星の女性に惹かれ、自分を楽しく軽やかな世界に誘ってくれる得難い女性として大切にします。明るく男勝りな相手に、自分にないものを感じ、心を惹かれるでしょう。しかし、冒険を好む七赤金星の相手は、二黒土星の特徴である堅実で慎重なあなたにどこまで魅力を感じるかが疑問点です。

あなたが二黒土星の女性なら、しっかり者のあなたが七赤金星の相手の首根っこを押さえることになります。最初こそ二人が互いに持っていないものを感じて、惹かれ合いますが、実用重視の二黒土星の女性は消費タイプの七赤金星の男性に対して、価値観の違いが大きいと感じたら、あなたから去って行くでしょう。

このように二黒土星と七赤金星との組合わせを単純に「土生金」という相生の関係に移し替えて、相性の良し悪しを導きだすことはできません。そのうえ、一人に限った場合の気質と二人の気質の関わり合いの問題では、状況が異なるということを考慮する必要があります。

二黒土星と七赤金星の相性度

35%

二黒土星と八白土星

あなたが二黒土星の男性ならば、八白土星の女性を受け容れようとする気持ちが自然とできてきます。例えば、八白土星の女性に共通にみられる節約好き、あるいは地味な雰囲気をもつという点を好意的に感じ、スムーズに受け容れることができるでしょう。問題は折に触れてあらわれる八白土星の頑固さを、プライドが高いあなたが気にせずにやり過ごすことができるかどうかということです。また、二黒土星のあなたの優柔不断さが目につくようになると、気の変わりやすい八白土星の女性はシビレを切らしてしまいます。

あなたが、二黒土星の女性なら、八白土星の男性がもつ、堅実さや倹約を重視する生活態度に満足するでしょう。「気心が知れている」という気持ちをもっても不思議ではありません。この意味で、前向きな関係をつくることは、難しいことではありません。ただの友人や同僚としてつきあうかぎり、男女間の甘い雰囲気や、深刻なトラブルがないだけに、親しい付き合いは長く続きますが、「男らしさ」と「女らしさ」が、第一のポイントである恋愛関係からすれば、友人としての交際は長続きはしても、心がときめく交際は多くないでしょう。

二黒土星
と
八白土星
の
相性度

65%

二黒土星と九紫火星

あなたが二黒土星の男性ならば、最初から九紫火星の相手はあなたの目を惹き、この星の女性に魅力を感じるはずです。但し、九紫火星の女性は何ごともアクティブで、感情の起伏が大きいタイプですから、あなたが行動のテンポが早い相手に引きずられる、あるいは遠慮気味になって主従のような関係になってしまうケースが多いでしょう。そのうちに相手との価値観の違いが気になり始めたりすると、徐々に熱が冷めていきます。また、二黒土星は陰の星ですから相手に対する「軽蔑感」があなたに芽生えていきます。互いに陰と陰の星なので、一度ぶつかるとこじれやすく、氷解することが難しいですが、そのかわり派手な喧嘩もあまりありません。

あなたが二黒土星の女性なら、九紫火星の男性は自分と好対照という印象を受けるでしょう。しかも、九紫火星を本命星にもつ男性は、一層強いカリスマ性や知的雰囲気を身につけているので、二黒土星のあなたは、相手に翻弄される危険性がつきまとうでしょう。とくに、二黒土星の女性は九紫火星の男性に甘いところがありますから、九紫火星の危うい点を見落として、最後の最後になって肩すかしを食う羽目に陥らないよう、しっかりと相手の魅力と危険性を見極めることです。

二黒土星
と
九紫火星
の
相性度

50%

3　三碧木星の男女の相性

三碧木星と一白水星

あなたが三碧木星の男性ならば、一白水星の女性との交際はかなり時間がかかるでしょう。無邪気で才気煥発タイプの男性に対して、冷静な一白水星の女性がうける印象は「軽薄」となる場合が多いからです。あなたが得意とするジョークやウイットの類い、思いつき的な言動は自制して、時間をかけて落ち着いた関係を持続させることです。一度こじれたら、相手は自分から折れて元に戻るタイプではありませんから、意地をすてて、あなたから妥協することが大切です。一白水星の女性は、やや気むずかしく古風で冷静ですが、心の芯は思い詰める情熱的なタイプです。

あなたが三碧木星の女性なら、柔和にみえて個性の強いタイプの一白水星の男性を、どこまで受け入れることが出来るかにかかっています。三碧木星の女性は、気持ちを逡巡させることがあまりなく、白黒、好き嫌いの判断が早いのが特徴です。一白水星のあなたの個性が受け入れることが出来ると判断したら、受け身タイプの相手に積極的に近づくでしょう。逆に、一白水星の男性の考え深さが、疎ましく感じれば、あなたの前から素早く去っていくことになります。いずれにしても、良くも悪くも結論が出るのは早いでしょう。

三碧木星
と
一白水星
の
相性度

40%

三碧木星と二黒土星

あなたが三碧木星の男性ならば、二黒土星の女性とは、かなりスムーズな交際が期待出来るでしょう。気の原則では「木剋土」の相剋の関係ですが、この本命星の組合わせは相性としては、決して悪くありません。三碧木星の特徴である率直な気質は好印象をもって相手にうけとめられることが多く、多弁、邪気のなさ、ウイットも、母性愛の強い二黒土星の相手は、包み込んでくれるはずです。あなたの性急な行動も二黒土星の女性にとっては、頼もしい印象を与えることも期待できます。勿論、主導権は、何事も仕切りたいあなたがもつことになります。気がかりな点としては、むしろあなたの方が、二黒土星の女性の粘りや白黒をハッキリさせるのが苦手な姿勢に短気をおこすという点があります。

あなたが三碧木星の女性なら、二黒土星の男性にテンポをあわせるのに戸惑いを感じるでしょう。とくに誠実さが長所の二黒土星の男性にとっては、生来の気質なのですから、あなたのイライラに気づくこともなく、結局、自分から去ってしまう場合でも原因がわからないままということもあります。

三碧木星と二黒土星の相性度

65%

三碧木星と三碧木星

三碧木星の男性と三碧木星の女性の組み合せの場合は、男女ともにストレートでせっかちなタイプ。しかも、感情的で好き嫌いがはっきりしていますから、意気投合するか、ケンカ別れするかのどちらかになりやすい関係です。特に三碧木星の女性は、一度嫌になると徹底していますから修復不可能です。それも早とちりの誤解から生じた行き違いが多く、独りよがりの価値観やキッパリした性格の表と裏がみられます。木性でも、四緑木星とは違い三碧木星は「自己を曲げない」生木にたとえられるように気が強く、一本気なため、ボタンの掛け違えがあれば、その後の二人の関係の修復や妥協は難しくなるでしょう。但し、「類は友を呼ぶ」という諺もあるように、この組合わせがうまくいくのは、三碧木星の気が男性の潔さ、女性には明朗快活さとなって顕れた場合です。このときはどのような障害があっても、一気にゴールインということになるでしょう。

三碧木星と三碧木星の相性度

50%

三碧木星と四緑木星

あなたが三碧木星の男性ならば、お相手の四緑木星の女性は、五行としては同じ木性ですが、九星を区分する三碧と四緑ではかなり異なります。つまり、九星の象意としては「生木」（根を持つ生きた樹木）と「調木」（加工された木）と特徴づけられ、三碧木星は陽、四緑木星は陰となり、ふたりは微妙なところで凸と凹のほど違いがあります。あなたが男性ならば、弟と姉さん、という関係になります。才気煥発な男性と受け身型、調整型のバランスのとれた女性との関係になりますから、相性は「良い」と言って差し支えないでしょう。但し、三碧の男性は四緑の女性に対して「調子のいいだけの男」という印象を与えないことです。

あなたが三碧木星の女性なら、相手が四緑木星の男性であれば、互いに初印象は良いでしょう。あなたは姉さん女房的にテキパキとした態度で接して行き、相手の男性もそれを望んでいる場合が多いものです。女性の軽重浮薄的な言動は、かわいさにまぎれて結構受け入れられてもらえますから、さほど心配はありません。むしろ、あなたの方が、四緑木星の男性に優柔不断さ、リーダー力のなさを感じると、一気に熱がさめてしまうでしょう。

三碧木星
と
四緑木星
の
相性度

80%

三碧木星と五黄土星

あなたが三碧木星の男性ならば、五黄土星の女性がもつ魅力を感じることは少ないでしょう。というのも異性の交際相手としては、あなたは満足しないからです。行動のテンポが早く、気の利く会話を好むあなたにとって、五黄土星の女性には、〝お遊び〟的な気安さや軽さがなく、気の利いた会話も得意ではないため、異性の友人として意識できないからです。もともと五黄土星の女性は考え方が堅実で、雰囲気よりも実質を重視するタイプです。しかも地位や名誉などには敏感ですから、基本的に三碧木星の男性とは価値観が食い違っているのです。ふたりの交際が長続きするかどうかは、あなたが五黄土星の気質をどこまで理解できて受け入れることができるかにかかっています。

あなたが三碧木星の女性なら、五黄土星の男性がもつリーダー的な雰囲気や、どっしりとした物腰に惹かれるでしょう。しかし、実際に交際を始めると、相手はあなたよりも気が強く、妥協をしない、あるいはできないタイプということに気がつくでしょう。ですから、長期の交際となれば、あなたの方が相手に寄り添うかたちになります。あまり会話も弾みませんし、自己中心的で相手への気遣いに疎い気質に、あなたがどこまでついて行けるかがポイントになります。

三碧木星
と
五黄土星
の
相性度

55%

三碧木星と六白金星

あなたが三碧木星の男性ならば、どことなく純粋さが残って、わがままな雰囲気を感じさせる面が表に強く出るため、勘が鋭く、勝ち気な六白金星の女性との交際は、かなり負担になるでしょう。しかも三碧木星の気質は、ざっくばらんで庶民的、これに対して六白金星の女性は賢くて高級志向です。元来九星では三碧木星、六白金星、九紫火星を本命星とする人は、「知恵の星」といわれていますが、なかでも、六白金星と九紫火星を本命星にもつ人は、三碧木星にはない気質、即ち、気位が高く、高級志向のタイプが多いことが特徴です。また、三碧木星が感覚的でせっかちであるのに対して、六白金星、九紫火星の人は理屈好きが多いのも事実です。こうしてみると、今回の相性については、五行の気の面では「金剋木」と相剋の関係が、ほぼ当てはまると言えるでしょう。相手に妥協を期待するよりも、あなたが早く妥協点を見いだして、六白金星に歩調を合わせられるかどうかにかかっています。あなたには「短気は損気」という心掛けが大切になる場面です。

あなたが三碧木星の女性なら、あなたがもつ負けん気の強さが、六白金星の男性の父性的な魅力よりも上回る場合が多く、六白金星の相手の良さが発揮されないケースが多いでしょう。それはあなたの気質の中に、男性的な面が多分にあるからです。勿論、あなたは自分の意見をしっかり持ち、意思の強さが男らしい六白金星の男性に一目惚れするかもしれませんが、遠慮がなくなれば、些細なことで言い争いとなり、突然のケンカ別れになる可能性が高いといえます。六白金星の男性に譲歩をもとめるよりも、ジックリと相手に寄り添う気持ちをもたない限り、交際は長持ちしないでしょう。

三碧木星
と
六白金星
の
相性度

50%

三碧木星と七赤金星

あなたが三碧木星の男性ならば、気の相互関係では「金剋木」の相剋、しかも木気が損なわれる（剋される）関係ですが、本命星のレベルである相性としては、決して悪くありません。むしろ周囲が驚くほど早いスピードで相思相愛の間柄になります。鋭い感覚と軽妙な会話が得意の三碧木星の男性は頭がシャープで行動力もあり、雰囲気の楽しさ、明るさにこだわる七赤金星の女性には、大歓迎のタイプです。「金剋木」が暗示するネガティブな展開は少ないでしょう。但し、三碧木星のあなたが、お付き合いの楽しさだけで、勝ち気の七赤金星の女性を包み込むことができないようになれば、なにか理由をつけて、別れていくことになるでしょう。何ごとも一過性になりやすい三碧木星気質の男性、サバサバ感の強い七赤金星の女性とのカップルにありがちの別れです。

あなたが三碧木星の女性なら、七赤金星の男性は好みのタイプです。七赤金星の男性は、その場その場に合わせて雰囲気を作ることが得意ですから、その時々のあなたの心を素早く感じとって、あなたの望むタイプの男性を演じきれます。どちらかというと、恋愛に不器用な三碧木星の女性は、時間もかからず恋に陥ってしまうでしょう。

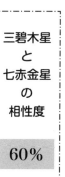

三碧木星
と
七赤金星
の
相性度

60%

三碧木星と八白土星

あなたが三碧木星の男性ならば、八白土星の女性とはソリが合うことはかなり難しいでしょう。打てば響くタイプのあなたにとって、この女性は優しく柔和で、あなたの言うことに表向きは従うようで、内心は自分の考えをなかなか変えません。そこのところをあなたが読み取って、自分から折れて、寄り添うことができるかがポイントになります。相手は「目から鼻」というタイプではないので、待つことが苦手で、何事につけても白黒を早くつけたいあなたには、負担が多いお相手でしょう。

あなたが三碧木星の女性なら、八白土星の男性には最初からイライラすることが多いでしょう。相手としてもシャープさがなく、センスも野暮ったいと感じることでしょう。あなたがおもしろい、と感じていることに対しても、はっきりした反応は返ってきません。これは、八白土星がもつ、やむを得ない気質です。結婚を考えて、あなたが交際を持続しようとするなら、堅実さ、質実な人生態度を尊敬し、妥協しあうことが必要です。

三碧木星
と
八白土星
の
相性度

65%

三碧木星と九紫火星

あなたが三碧木星の男性ならば、九紫火星の女性に対しては一目惚れすることが多いでしょう。あなたも鋭い性格ですが、相手の女性も都会人的な機知や、芸術的な繊細な感覚というようなセンスを豊富に持っています。ですから恋人としての関係でも、打てば響くというような調子で、たえずあなたの気持ちを燃え上がらせるでしょう。結婚後にも熱っぽい仲が続きます。喧嘩も相当派手でしょうが、それも逆に一種の刺激剤のような作用をして、台風一過したあとでは、かえって新鮮な愛情を生み出すきっかけとなるでしょう。確率は高くありませんが、うまくすれば濃厚で長続きする結婚生活と言えるのです。

あなたが三碧木星の女性なら、九紫火星の男性は最高の理想の恋人になってくれるはずです。相当以上にわがままなはずのあなたも、この相手にかかっては、まるで猫みたいになってしまうでしょう。変われば変わるものだと人には笑われるかもしれません。しかし二人が結婚すれば、あなたとしては濃厚な愛情にも恵まれ、名誉や経済的にも人一倍恵まれるようになるのですから、相手のいいように飼育されたなどと気にすることはありません。恋愛は波乱にとんだものになりますが、少なくとも結婚に関するかぎり、女性は自分で尊敬できて、とてもかなわないと思うような男性と連れ添うことになるでしょう。

三碧木星
と
九紫火星
の
相性度

50%

4 四緑木星の男女の相性

四緑木星と一白水星

あなたが四緑木星の男性ならば、一白水星の女性は五行の相生となり、一般的には「相性が良い」とされますが、ここでは、「気の波長が同調しやすい組合わせ」と表現しておきます。波長が同調する、ということは、例えば、あなたの柔和な優柔不断な物腰も、一白水星の女性には思慮深い、温和な人柄というプラスのイメージに映るということです。ですから、四緑木星がもっている内面の芯の強さも、嫌味に感じることはありません。また、一白水星の女性は、男性に順って尽くしてくれますし、一白水星がもっている気むずかしさにも、相手は上手く対応できます。このようにすべり出しは順調なのですが、一白水星は陽の星ですから、頑固なところがあって、一度機嫌を損ねると、なかなかもとにもどりません。こうなると、煮え切らない四緑木星の男性が手を焼いているあいだに、二人の溝が広がることになります。

あなたが四緑木星の女性なら、一白水星の男性には、やや物足りなさを感じるでしょう。通常、指示待ちが多いあなたにとっては、相手もどちらかというと指示待ちタイプの男性ですから、結果として頼りがいのある男性とは映らないでしょう。しかも、相手は一白水星で陽の気ですから、頑固なくらい相手の一白水星の男性の芯はしっかりしています。できれば、主導権を相手にあずけて信頼感をよせれば、交際は順調に進展していきます。

四緑木星と一白水星の相性度

75%

四緑木星と二黒土星

あなたが四緑木星の男性ならば、二黒土星の女性の粘り強さや我慢強さは、自分に持ちあわせていないものですから、受け容れるのに時間がかかるでしょう。但し、この点だけを飲み込んでしまえば、二黒土星の女性は世話焼き女房タイプが多く、あなたをあれこれとサポートしてくれるので、ありがたい相手になります。心配なのは、世話好きが過ぎて相手の口出しが疎ましくなったとき、あなたの芯の強さや、やせ我慢などが原因で、感情的な対立が生まれることです。互いに自分から結論を出すのが苦手ですから、なかなか幕引きができず、こじれた関係を長く引きずって冷戦が長く続き、腐れ縁のようになっていくことが多くなります。

あなたが四緑木星の女性なら、二黒土星の男性は苦手なタイプに入るでしょう。というのも、好奇心が強く、何ごとにもフットワークの良いあなたにとって、相手は、守りのタイプで接するのが身についており、会話のなかでも、もの足りなさを感じてしまうからです。あなたが相手の守りの姿勢を、「堅実、着実」と感じ取れるかどうかがポイントになります。様々な事柄の間をスムーズに動いていくタイプのあなたにとって、発信力が弱く「こだわりタイプ」「自己充足的なタイプ」の二黒土星の男性に「頼りがい」を感じるには、難しい点があるでしょう。

四緑木星
と
二黒土星
の
相性度

45%

四緑木星と三碧木星

あなたが四緑木星の男性ならば、三碧木星の女性との関係は、どことなく、姉、弟という雰囲気になりがちです。つまり、恋愛中でも、この相手はあなたをリードし、主導権を握るようになります。その積極性に「煩わしさ」を感じることがある反面、まかせておけば気楽な部分があることも事実です。ただ、独自な価値観や物の見方をする三碧木星の相手はあなたの言うことにジックリ耳を傾けるという気持ちはあまり持ちあわせていませんから、四緑木星の気楽さが出ている場合はいいのですが、追いつめられると男の面子を守る気持ちが湧いてきて、意固地を張ろうとすると「負けを覚悟の衝突」という結果に終わります。

あなたが四緑木星の女性なら、陰の気と陽の気の相手との組合わせでは長所が出て、陽の気をもつ三碧木星の相手とは深刻な衝突となることはありません。三碧木星の行動力や会話の巧みさ、感性の鋭さなどに充分満足するはずです。反面、このような三碧木星の男性の行動に、軽率さやスタンドプレイ的な匂いを感じとることがあっても、相手がよほど羽目を外さない限り、あなたにとっては、さほど気にならないでしょう。

四緑木星
と
三碧木星
の
相性度

80%

四緑木星と四緑木星

四緑木星の男性と四緑木星の女性の組み合せの場合は、同じ五行の組合せで、異質な五行ではないために、互いの関係の良否については、可もなく不可もありません。陰陽も同一である結果、陽同士であれば互いに衝突すると火花を散らすことになりますが、この組合わせは陰同士で、どちらも相手の出方に合わせるタイプなので、激しい喧嘩をするようなことはなく、互いに口をきかないという、意地の張り合いをする冷戦になります。四緑木星という星は、長所としては柔軟性があり、バランス感覚がよいなどの面がありますが、並びに、優柔不断で迷いやすい所がありますから、親密になるには時間がかかります。時間がかかっても成立すればよいのですが、自然消滅の憂き目にあうこともあります。また、同じ九星ですから、互いに相手の中に見たくない自分の分身も見ることになるので、相手に対する評価が不要に厳しくなるか、あるいはネガティブになります。

四緑木星
と
四緑木星
の
相性度

50%

四緑木星と五黄土星

あなたが四緑木星の男性ならば、五黄土星の女性のどっしりとした存在感と、線の太さに押されるでしょう。五黄土星の女性は、情熱は人一倍熱いものをもっているのですが、その表現の仕方が繊細ではないので、あなたが相手を受け入れるには、努力が必要となります。社交的な四緑木星のあなたは、自由にあちこち風のように行き来したいのですが、五黄土星の女性から束縛されるようになると、あなたの心は、たちまち冷えてしまいます。しかし、なにかにつけて、あなたが折れて相手に同調する姿勢をもてば、長続きしますが、相手の意思の強さを強引と感じれば、破局は意外と早く訪れるでしょう。

あなたが四緑木星の女性なら、五黄土星の男性は、なかなかわかり合えない異性として映るでしょう。あなたの繊細な感情や心の動きに、相手がどこまでついて来られるかがポントになります。相手は、弱音も吐かず愚痴もいわない男性で、時折、大風呂敷を広げるタイプです。それを「男らしさ」と感じればいいのですが、「大洞ふきの男」と感じると、彼について行けなくなるでしょう。

四緑木星
と
五黄土星
の
相性度

50%

四緑木星と六白金星

あなたが四緑木星の男性ならば、六白金星の女性とのお付き合いはやや厳しいものになるでしょう。というのも、四緑木星は陰の星ですから柔軟な面はありますが、それでも男性の四緑木星は芯が強いので、六白金星の女性の出方によっては、決別する可能性が大です。というのも、女性でも六白金星は気位が高く、勝ち気な女性が多く、四緑木星の男性がそれを気にとめず、うまく受け流す気質をもっているか、どこまで相手を受け容れることが出来るかがポイントになります。どちらかというと隠れた強さはあるものの、おとなしめの四緑木星のあなたにとって、六白金星の女性の厳しさは少々重いものとなりそうです。

あなたが四緑木星の女性なら、六白金星の男性は、あなたに対して亭主関白の気質を思い切り出すでしょう。陰の気と陽の気の組合わせですから、四緑木星が自制的なのに対して、六白金星は、星の特徴をかなり出してくるでしょう。要は、四緑木星の女性が六白金星の「俺についてこい」というリーダーシップ流儀を「頼もしい」と感じるか「強引、わがまま」と感じるかで、結末は大きく変わってきます。

四緑木星
と
六白金星
の
相性度

45%

四緑木星と七赤金星

あなたが四緑木星の男性ならば、七赤金星の女性は大変魅力的な相手になります。七赤金星の女性は、コケティッシュな仕草が多く、四緑木星の男性の心を虜にするタイプです。しかし、相手に夢中になるだけでは済まず、「押しの弱い」四緑木星のあなたは、いつも相手に主導権をとられるでしょう。しかもこの相手は頭もよく機転もきき、鋭敏ですから、振り回された結果、下手をすると相手について行くのに息切れしてしまいます。

あなたが四緑木星の女性なら、「金剋木」の相剋の関係は微妙にかわります。七赤金星の男性はセンスがよく、気が利き、サービス精神も旺盛ですから、あなたの心をつかむのは難しくありません。但し、人間関係に人一倍敏感なあなたが、周囲への気遣いなどではっきり意思表示せず、優柔不断でいると、相手はあなたの手応えのなさに飽きて、どんどんよそ見を始めます。

四緑木星
と
七赤金星
の
相性度

50%

四緑木星と八白土星

あなたが四緑木星の男性ならば、八白土星の女性は「お付き合いする相手」として意識することはあまりないでしょう。というのも、あなたと相手では、気持ちの噛み合わない部分がかなり多いからです。すべてに風のようなテンポで接していくあなたにとって、八白土星の相手は、表現も地味で控えめ、物事の判断もジックリ型なので、あなたとギクシャクする部分が出てくる可能性が大きいからです。しかし、相手の女性の落ち着いた考え方や包容力のある長所がすぐに見えてきて、男性で陰の星のあなたは、徐々に接近していくことになり、あとはスムーズに進むでしょう。

あなたが四緑木星の女性なら、八白土星の男性が何を考えているのか、わかりにくい存在かもしれません。事実、八白土星の男性は口数が少なく、喜怒哀楽をハッキリとは出しませんが、生活感覚は「大人」です。同じように、四緑木星の女性も「大人」の感覚をもっていますから、八白土星の男性のこのような点に気づけば尊敬する気持ちがわいてくるでしょう。こうなれば、四緑木星の女性にとって尊敬する気持ちがあなたの心の大半を占めることになります。四緑木星の女性にとって、八白土星の男性は、パートナーとしては浮かれたところがなく、忍耐力もあって、信頼感のある男性となります。但し、あなたが、相手の心を読み取らないで軽くあしらっていると、いきなり怒り出したりします。八白土星の男性には、内向的、閉鎖的、自給自足タイプですが、内心はプライドが高く、癇癪持ちの人がかなりいるということを忘れないことです。

四緑木星
と
八白土星
の
相性度

40%

四緑木星と九紫火星

あなたが四緑木星の男性ならば、九紫火星の女性との付き合いは、楽しいようで、リスクを伴う関係になる公算が大きいでしょう。相手はあなたが思っていることを素早く感じ取って、先手先手と対応してくる勘のよさがあり、繊細な情感をもつ四緑木星と、シャープな感性の九紫火星との関係は、四緑木星のあなたにとってやや疲れますが、スリルに富んだ楽しい相手になります。しかし、反面、ふたりとも、繊細で情の部分が気持ちの大きな部分を占めるという点で共通するうえに、四緑木星も九紫火星も、ともに陰の星であるということです。とくに、九紫火星は、諸事に対して耐久力に弱く、最悪の場合には陰々滅々となるタイプです。この点が大きなリスクとなります。ここをうまくクリアーできれば、交際は長続きするでしょう。

あなたが四緑木星の女性なら、相手の九紫火星の男性に直感的にある種の危うさを感じるでしょう。勿論相手は、持ち前の感性で素早くあなたの心を掴むでしょうし、お互いにセンスの感度が抜群なので、スムーズな交際が期待できます。しかし、同時に、相手がもっているシャープさが変わり身の早さを感じとると、四緑木星のあなたは、交際をつづけることに迷いをもちはじめ、性急な相手との間にすきま風が吹き始めることになります。

四緑木星
と
九紫火星
の
相性度

65%

5　五黄土星の男女の相性

五黄土星と一白水星

あなたが五黄土星の男性ならば、一白水星の女性には自分にないものを感じて、かなり押し気味に相手を交際に持ち込もうとする可能性があります。そのような、あなたの押しの強さ、強引さが頼もしいと相手に映れば、交際はスムーズにすすむでしょう。ただ、あなたの芯の強さと相手の芯の強さが直に触れあうようになると、互いに越えられない溝の存在を認識させられ、その時点で、あなたは失望を感じることになります。逆に、五黄土星のあなたが一白水星の相手を縛らず、相手の目線に立って共感すべき所は共感する姿勢で向き合うことができれば、そこから先の交際も可能でしょう。

五黄土星と一白水星の相性度

35%

あなたが五黄土星の女性なら、第一印象としての一白水星の男性は、まずはあなたの好みのタイプではないでしょう。というのも、一白水星の男性は、男性にしては受け身的で線が細く、五黄土星のあなたにとって、異性としての魅力を感じることが難しいからです。また、几帳面過ぎる点にも、どちらかというと大雑把な五黄土星のあなたはしだいにイライラ感を感じて行くことになるでしょう。この点がネックになって、この組合わせは、交際を続けていくにはかなり難航が予想されます。しかし、あなたが、リードされるのではなく、むしろ相手の男性をリードしていくのであれば、かなり有望な相手ということになります。というのも、一白水星の男性は何を考えているか、わかりにくいところがありますが、ある意味「大人」であり人間関係には「省エネタイプ」ですから、自我の強いあなたと張り合わず、任せようという気持ちになりやすいからです。

五黄土星と二黒土星

あなたが五黄土星の男性ならば、二黒土星の女性は価値感が地味、堅実であるだけに、付き合っていても意外性や変化の少ないパートナーです。一方のあなたもマンネリを強く感じるタイプではないので、交際としてはスムーズに進むケースです。但し、二黒土星の女性は、受ける印象とは別に、内側は強情な面がありますから、あなたの思い通りになることはあまりありません。同じ職場の場合、上下の関係があればうまく協調できるのですが、対等であれば互いに意地を張りやすく、一度衝突すると和解は難しくなります。付き合いが深くなって互いに遠慮がなくなると、五黄土星の男性が自己流を発揮し始め、二黒土星の女性は、我慢してイライラをじっとため込むほうですから、ストレスが溜まり、それが二人の別れのキッカケともなります。

あなたが五黄土星の女性なら、常にあなたがリードするポジションをとることになれば交際はスムーズに展開するでしょう。相手は、むしろあなたに順って動く方が性に合っていて、気楽さを感じるかもしれないからです。男性の二黒土星はスローペース気味ですから、ギクシャクすることも少ないでしょう。仮に、この星の組合わせの男女が結婚した場合も、二人は労働を厭いませんから、粘りと頑張りの共同作業で事業を起こし、夫唱婦随で共に励み、ついには成功させるというような手堅さを持ったカップルです。

**五黄土星
と
二黒土星
の
相性度**

65%

五黄土星と三碧木星

五黄土星の男性ならば、三碧木星の女性とは上手く付き合えるか、ぶつかり合うかの両極端の関係になるでしょう。柔軟な部分の多い五黄土星のあなたに、多くの場合、相手は「生木」の気質が物腰に強く現れ、若木のような勢いで接してくるでしょう。方位の吉凶を判断する相生相剋論では、「木剋土」になりますから、「あなたにとっては苦手」ということになりますが、相性論では違います。むしろ、あなたは剛柔・緩急・強弱自在の五黄土星ですから、相手を受け容れることに長けているはずです。あなたが、言動にきわどさをもつ三碧木星の女性をコントロールすることは難しくないでしょう。但し、三碧木星の女性は感性が冴えていて、表現力も豊かですが、その分「自由闊達」、どちらかというとその言動が「わがまま」と映ることが多いのも事実です。このような相手を「生意気」と感じれば、親分肌が過剰なあなたは、彼女と衝突することになります。

あなたが五黄土星の女性なら、三碧木星の男性には「子供っぽいところがある」という印象をうけ、一種の頼りなさを感じるでしょう。大人の星である五黄土星のあなたにとっては、一時の遊び相手としては合格でしょうが、男性としての頼りがいや、魅力を感じることは難しいでしょう。

五黄土星
と
三碧土星
の
相性度

65%

五黄土星と四緑木星

あなたが五黄土星の男性ならば、五黄土星と四緑木星の組合せは、五行の相生相剋よりも九星の作用が強く現れます。現実的で実利タイプの五黄土星にとって、当たり障りのないところが持ち味の四緑木星は、いまひとつつかみどころがなく、本心のわかりにくいタイプです。どんな相談をしてもうまく対応してくれますが、時折、四緑木星の相手から「えッ」というような肩すかしを受けます。ですから、長く交際をしようとしたら、構えず、まずは友人感覚で接することがコツです。結局、四緑木星の女性も五黄土星と同様に、実利には意外に敏感ですから、互いに自分にプラスになるか、ならないかという点で、交際が続くかどうかのポイントになることが多いものです。

あなたが五黄土星の女性なら、四緑木星の男性に魅力を感じる点は多くないでしょう。というのも、四緑木星の男性は繊細な気質なので、穏やか、何かにつけて女性的で細かいため、異性として付き合うという雰囲気にならないからです。また、互いに意見が噛み合わないとき、五黄土星のあなたが意地を張ると、四緑木星の相手は、頑なに内向的になり、結局、あなたと神経戦を続けることになるでしょう。

五黄土星
と
四緑土星
の
相性度

60%

五黄土星と五黄土星

五黄土星の男性と五黄土星の女性の組合わせの場合は、星も同じで、同じ土性ですから、同質性が高く、このため、気の波長が一致しても極端になりやすく、波乱気味な関係になりやすい傾向があります。五黄土星は自我が最も強い星ですから、互いにひとつ食い違うと自分から折れることをしないために、意地の張り合いになります。救いとしては、ともに大人ですから派手な衝突にはなりにくい点ですが、結局、不毛のつき合いになってしまうことが多いでしょう。五黄土星は、九星の中で星による男女の気質の違いが最も少ない星です。五黄土星の女性も、男性に負けず劣らず心身ともにパワフルな人が多く、押しが強く胆の据わった強いタイプです。しかし、相手に合わせることもできる星ですから、男女いずれにしても、自分の気持ちを抑制して上手く相手をリードできるかどうか、という点が決め手になります。五黄土星の二人は、お互いに現実志向で甘い関係には成りにくいのですが、大きな夢を追うところがある為、同志的に、計画したことへの実現に向かってエネルギッシュに突き進むことができるカップルです。その時、お互いに頼りになる必要な相手となります。

五黄土星
と
五黄土星
の
相性度

60%

五黄土星と六白金星

あなたが五黄土星の男性ならば、六白金星の女性はスムーズにつきあえる相手でしょう。このことは、五行で「土生金」の相生の関係であるからではありません。むしろ、九星の個別の象意では、両者とも頭を抑えられるのが嫌いで、遠慮無い緊密な付き合いでは、譲らない者同士となり、火花を散らす関係をイメージさせます。しかし、五黄土星は六白金星にない柔軟性と粘りがありますから、持ち前の包容力と柔軟性で受け止めようとします。しかも、五黄土星はその気質に陰陽両面をもっているため、相手が陽ならば、自分は陰となり、相手が陰ならば、自分は陽となって対応します。とくに異性の場合、五黄土星の保護者意識が発揮され、予想以上にスムーズに付き合いが進みます。

あなたが五黄土星の女性なら、六白金星の男性は、良い意味で堅実、しかも、リーダーシップをもっているという印象を受ける場合が多いでしょう。但し、本来あなた自身も「自分が一番」的なものをもっています。五黄土星の女性の場合には、負けん気の強さが障害になります。それを自制できれば、六白金星の男性のもつ気位の高さのなかにある気質の純粋さ、頭の良さに気づくことが出来るでしょう。このパターンに入れば、ふたりの結びつきは強固なものになります。

五黄土星
と
六白土星
の
相性度

80%

五黄土星と七赤金星

あなたが五黄土星の男性ならば、七赤金星の女性は苦手タイプに属します。というのも、五黄土星の男性にとって、七赤金星の女性がもつ繊細な感覚や機転の早さや金属の断面のような冷たく鋭い感性などは、自分が持ちあわせていないものなので、相手の特徴を理解するまでは、いらついたり、まごつくからです。このようなタイプの女性を最初から敬遠してしまうケースもありますし、たとえ自分にないものに魅力を感じても、最初は気後れしてしまうこともあります。結局、五黄土星の特長である「押しの一手」を発揮して、交際の糸口を模索することになりますが、五黄土星の押しの強さに、感性の鋭い七赤金星の女性が嫌気をさすと、女性の方が去っていくことになります。

あなたが五黄土星の女性なら、七赤金星の男性は、実利的なあなたが理想とする男性的な面、即ち、指導力や頼もしさの点では、物足りなさを感じるでしょう。この点で、この星の組合わせは、男性にとってはかなり不利になり、付き合いを軌道に載せるのに難しさが残ります。逆に、相手の七赤金星の男性も、会っていても気の利いた会話を楽しむこともなく、ロマンティックな甘い雰囲気もないあなたとの性質（たち）の違いを感じ取り、自然消滅的に去って行くこともあるでしょう。

五黄土星
と
七赤金星
の
相性度

60%

五黄土星と八白土星

あなたが五黄土星の男性ならば、八白土星の女性とは、心の波長は同調しますが、熱烈な恋愛にはならないでしょう。この意味は、土は自分自身から燃え上がることはありませんが、物が燃焼した結果として常に余熱をもっているというところにあります。このような星同士ですから、地味ですが、互いに認め合うのは早く、心の芯に熱を含んだカップルになります。なかには五黄土星のあなたの、大地から湧き上がるようなエネルギーを感じとり、大器を期待し、あなたに懸けてみようと思う八白土星の女性もいます。しかし、一方で、あなたの強いエネルギーに耐え切れず、あっさり身を引いてしまう場合もあります。

あなたが五黄土星の女性なら、八白土星の男性とは、スムーズな交際ができるでしょう。ただし、八白土星の男性は、外面は穏やかでも、内面は辛抱強い気質をもっていますから、八白土星の男性が自己中心的なあなたに合わせる形になります。それに乗じて常に相手をコントロールしようとすると、八白土星の男性は癇癪を起こし、そうなると元の鞘に収まることはなかなか難しくなります。

五黄土星
と
八白土星
の
相性度

80%

五黄土星と九紫火星

あなたが五黄土星の男性ならば、表現力が豊かで、華やかな雰囲気をもつ九紫火星の女性に対して、恋愛の全ての要素を見つけ出したような気持ちになり、惚れ込む可能性が高いでしょう。ただ、有頂天になって浮かれてしまい心のコントロールを失うと、五黄土星の強い自我や執着力と、九紫火星の我が儘や気むずかしさがストレートにぶつかるようになってきて、あっけなく崩壊してしまうことになります。

あなたが五黄土星の女性なら、九紫火星の男性には、感覚の違いから少し苦手意識が出るかもしれません。というのも、九紫火星がもつ強いリーダーシップを感じさせる反面、感性の鋭さやロマンチスト特有の傷つきやすさの存在に気づくと、対応に戸惑うからです。しかし、五黄土星は、自分にないものを手に入れたい、自分の思うがままに支配したいという欲求が強いために、手に入れたものを確実にしようと努力するタイプですから、あなたが、相手の繊細さを包み込むことができれば、やや強引な形でも、しっかりとした関係を維持できるでしょう。

五黄土星
と
九紫火星
の
相性度

85%

6　六白金星の男女の相性

六白金星と一白水星

あなたが六白金星の男性ならば、一白水星の女性との気の波長の同調度は高いといえます。一白水星の女性は潔癖で気むずかしい面が多いのですが、純粋な気をもつ六白金星の男性にとって、一白水星の女性にあわせるのは、心理的に抵抗がなく、むしろスムーズに対応できるでしょう。但し、六白金星特有のあなたの気位の高さが出過ぎると、一白水星の気質とクロスして見えない火花をちらすことになり不快感を持たれると、相手はあなたから離れていくことになります。

あなたが六白金星の女性なら、一白水星の男性は、やや男性としては物足りない感じをもつでしょう。五行の気の関係では「金生水」で、相性の通説では「相性はいい」とされる関係です。しかし、星の陰陽は、陽と陽ですから、ともに張り合う関係にあります。男性の側が六白金星の場合はいいのですが、女性が六白金星ですと、気位の高さ、気の強さが一白水星の芯の強さにふれることが多く、そうなると一白水星の男性の気持ちには男としてのプライドや意地などの対抗意識が生まれ、あなたに対する好意が失われていくでしょう。

六白金星
と
一白水星
の
相性度

55%

六白金星と二黒土星

あなたが六白金星の男性ならば、二黒土星の女性は非常に平凡なタイプの女性という印象をもつでしょう。実際、二黒土星の女性は、内気で浮ついたところのない受け身的な気質です。その意味で、シャープな六白金星の男性にとって二黒土星の女性は、刺激の少ない面白味のない面があるのですが、実際には、六白金星の男性の場合、このような面にこだわるところが少なく、スムーズに受け容れるケースが多いでしょう。他方、忍従タイプでありながら、片意地を張りがちな二黒土星の女性も、六白金星のリーダーシップに素直に従います。

あなたが六白金星の女性なら、二黒土星の男性は何ごとも受け身で、自己表現が少なく地味で真面目な性格ですから、交際相手としてはあまりおもしろい相手ではないでしょう。ただし万遍のない気配り、出処進退の心得や慎重さを備えているのが二黒土星の持ち味であり、どちらかというと、あなたの指示についてくるタイプです。五行の気の関係では「土生金」で相生ですが、陽の気である六白金星を本命とする女性と、陰の気である二黒土星を本命とする男性との組合わせは、互いに自制心が緩いとギクシャク感が生じて、徐々に二黒土星の男性は臍を曲げ、反抗的な態度を示すようになり、円満な関係を長く維持することは難しいでしょう。

六白金星
と
二黒土星
の
相性度

70%

六白金星と三碧木星

あなたが六白金星の男性ならば、三碧木星の女性とは互いに陽の星であり、口も頭も回転がシャープであるため、衝突や口喧嘩が絶えないでしょう。というのも、女性の三碧木星は、六白金星に負けず劣らず頭がシャープですが、かなり我が儘なところがあります。互いに陽と陽の関係のため弾きやすく、とくに三碧木星の女性は相手を受け容れる「ノリシロ」が大きい方ではなく、時には、ややヒステリックな面を強くもっています。六白金星のあなたが、彼女にふりまわされることはありませんが、思いつきで衝動的ともみえる行動をとる三碧木星の女性には危うさがあり、いきなり交際が途切れることになる可能性があります。

あなたが六白金星の女性なら、三碧木星の男性は、その純な気質が、未熟さや幼さを感じさせたり、機敏さやシャープな行動を軽薄に感じたりします。二黒土星の女性なら、これら三碧木星本命の男性の言動を肯定的にうけいれる母性愛をもっていますが、六白金星の女性には、あまり母性愛は期待できません。しかも、三碧木星の男性は気質的に無邪気であり、異性にたいして、自分を飾ったり策を弄することはしないので、精神的に大人のあなたが満足することは、かなり期待薄となります。

六白金星
と
三碧木星
の
相性度

50%

六白金星と四緑木星

あなたが六白金星の男性ならば、四緑木星の女性との関わり合いは、波長的に凸凹の関係になっているので、最初のうちはスムーズに展開していきます。しかし、四緑木星の星は、その時々の相手に対応できる器用さをもっているため、六白金星の男性は、しだいに手応えを感じなくなり、物足りなくなってきます。また、六白金星の男性は、四緑木星の女性を自分の思い通りに扱うことができる女性と思い込むことが多く、これに対して、四緑木星の女性は、外面は別にして、内心は芯が強いので、六白金星の目線を感じると強く反発します。こうして、この星の組合わせは、早晩ギクシャクすることになるでしょう。

あなたが六白金星の女性なら、四緑木星の男性には失望してしまうでしょう。というのも、陰の四緑木星の男性は柔和な分だけ、男星である六白金星の女性には、異性としての信頼感をアッピールする力が弱いからです。その結果、交際が深まらないうちに、あなたの方が相手に魅力を感じずに交際をやめてしまう可能性が強いからです。もし、衝突しても、相手があっさりと折れる場合が多く、あなたは不完全燃焼のままになるでしょう。

六白金星
と
四緑木星
の
相性度

35%

六白金星と五黄土星

あなたが六白金星の男性ならば、あなたより五黄土星の女性の方が交際に積極的になります。というのも、五黄土星を本命とする人の場合、相手が陽であれば自分は陰、逆に、相手が陰であれば、自分は陽の対応をすることができる星であり、二人の間にトラブルが生じても、相手が所謂「帝王星」に対して五黄土星の女性は受け身にまわり、まずは陽の星であるあなたの方が強硬でしょう。というのも、六白金星の男性は一本気な部分が多く、五黄土星の女性は良い意味で「変幻自在」ですから、あなたはうまく包み込まれて、結局は衝突も激しくならず収まることになります。男女とも、五黄土星の強いエネルギーを借り、六白金星はより能力を発揮できるでしょう。

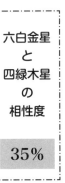

あなたが六白金星の女性なら、五黄土星の男性は、気の合うパートナーと言うことができます。甘い恋人同士という関係にはなりにくいのですが、発想する六白金星に対して、粘り強くそのことに取り組む五黄土星の組合わせです。お互いの異なる能力を認め、高め合う、上昇志向を持ったカップルです。また、六白金星を本命星とするあなたは、我が強く気位も高いのですが、相手の五黄土星はこの星の特徴である懐の深さを示して包容力を発揮するようになり、付き合いは思いの外スムーズに進展します。

六白金星
と
五黄土星
の
相性度

90%

六白金星と六白金星

六白金星の男性と六白金星の女性の組合わせの場合は、交際は厳しいものになるでしょう。というのも、本命星が同じ男女の組合わせは、基本的に気の波長が同じため、感情を刺激する異質要素が少なく、このため互いに強く惹かれ合うようなことはあまりありません。このように本命星が同じケースでは、ネガティブな面が強く表れますが、とくに六白金星同士の場合は、金性の鋭さが強く同調して、お互いに無視し合うことが多くなります。ですから相手に対してあなたの長所である指導力や決断力、快活さを発揮してもそれほど相手にはアッピールはしません。六白金星の女性は、その頭の良さ、理路整然とする話し方が、相手を惹きつける場合もありますが、多くの場合、むしろ相手を遠ざけてしまうでしょう。同じ本命星なので、その心理がよく読み取れるからです。六白金星の人がもっている気の強さ、プライドの高さ、気むずかしさを抑えない限り、同じ星の男性との交際を継続することは、難しいといえます。

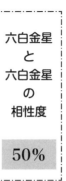

六白金星
と
六白金星
の
相性度

50%

六白金星と七赤金星

あなたが六白金星の男性ならば、あなたは陽の星、相手の女性は陰の星ということで、陰と陽で異なっているため、五行が同じではあっても七赤金星の女性との交際は順調に進みます。というのも、感性において、互いに異質性と同質性の両面を感じ取るからなのです。交際を始めると、自分と同質なものと、異質な面の双方を感じるに違いありません。六白金星の男性の牽引力や行動力が、七赤金星の女性が強くもつ「男らしさ」「たのもしさ」をもとめる心を刺激するからです。また、六白金星の特徴が強く出過ぎて、押しつけがましくなっても、七赤金星は陰ですから、余程のことがない限りあなたに順ってついてくるでしょう。

あなたが六白金星の女性なら、七赤金星の男性の特質はプラスの方向にうけとるでしょう。というのは、剛柔混在した二面性のある気質によって、男性としての七赤金星の女性的側面（ネガティブな面）が剛柔内外の両面性によって幻惑されてしまい、女性的雰囲気をほとんど感じさせないからです。むしろ、七赤金星の男性がもつ女性的な要素が「紳士的」に写ります。

六白金星
と
七赤金星
の
相性度

65%

六白金星と八白土星

あなたが六白金星の男性ならば、八白土星の女性は発信力が弱く積極性が感じられないために、物足りない感じをうける可能性が大です。その結果、あなたは交際が本格的になる前に見切りをつけてしまうかもしれません。八白土星の女性はどちらかというと献身的で我慢強く、交際を続ければ長所がわかるのですが、相手がそこまでしっかりと交際出来るかどうかにかかっています。八白土星の女性は負けん気が強く、六白金星の男性と同じ陽の星なので、相手が結論を急がず、ジックリと交際を続けることがポイントになります。

あなたが六白金星の女性なら、大抵の場合、八白土星の男性は「話の盛り上がらない、面白みのない人」ということになります。とくに、八白土星の男性は、柔和にみえて、実は内面では癇癪を起こしやすい頑固な気質を持っているので、ふたりの組合わせはなかなか難しい点があります。共に陽の星ですから、あなたが、八白土星の相手に対して「口数は少ないが、頼りになる男性」という印象をもてるかどうかでしょう。

六白金星
と
八白土星
の
相性度

50%

六白金星と九紫火星

あなたが六白金星の男性ならば、九紫火星の女性とのお付き合いは、かなり難しいものになるでしょう。というのも、ふたりの星は陰と陽でバランスはとれており、九紫火星の女性のタイプは、明るくて華やかな雰囲気で、しかも、頭もシャープで機転もききますから、理知的なあなたにとっては、かなり魅力を感じる女性でしょう。しかし、このように気質が類似しているので、うっかりするとプライドとプライドとのぶつかり合い、理屈と理屈の対決というパターンになってしまいます。このため、衝突が度重なるとかなり激しいぶつかり合いになって、思いのほか、早くに交際が途切れる可能性が多くなります。交際が続くかどうかは結局、陰の星の九紫火星の女性の側に期待することになるのですが、九紫火星の女性に従順性を求めるのは、なかなか難しいでしょう。

あなたが六白金星の女性なら、九紫火星の男性に従うよりも、競い合う、あるいは、張り合いになりやすく、結局は、別れが早く訪れることになります。六白金星の気は「天」、九紫火星の気は「火・太陽」ですから、両者ともに頭が良く、プライドが高いといえます。ネガティブな面としては、九紫火星の相手は我が儘な支配欲をもっており、これが互いに自分の好みのワクにはめこもうとする面が強く出てきます。しかし、そんな時でも六白金星のあなたは、決して下手に出ることはしないので、相手の九紫火星の男性は、業を煮やして去ってしまうことになります。

六白金星
と
九紫火星
の
相性度

50%

7　七赤金星の男女の相性

七赤金星と一白水星

あなたが七赤金星の男性ならば、九紫火星の男性と同様に感覚が鋭く、しかも九紫火星の男性よりも、社交性が豊富であるため、一白水星の女性とはスムーズな交際を始めることができます。また、周囲からも似合いのカップルと映ります。但し、一白水星は陽の星、七赤金星は陰の星ですから、男性と女性との星の陰陽が交差（クロス）します。ということは、交際に危うさが含まれていることを暗示しており、もし、一白水星の女性の芯の強さが表面化すると、九紫火星の男性よりも、気質が屈折している七赤金星の男性はヘソを曲げてしまい、交際が泥沼に入ってしまうことになります。

逆に、あなたが七赤金星の女性なら、一白水星の男性とは出会いのはじめから、好感をもたれるでしょう。それは、一白水星の男性にはない社交性や表現力を、七赤金星のあなたがもっているために一種の憧れをもつからです。また、一白水星の男性のほうも、地味で控えめなわりに、女性にはサービス精神が旺盛です。あなたは、相手の執着心の強さに気づかず、遊び心から軽い気持ちで対しているとその気真面目さに対応できない状態になり修羅場をくぐるような事態も起こり得ます。一方で気をつけなければならないことは、七赤金星という星は自己顕示欲が旺盛ですから、あなたが自分の才知をひけらかすような言動をとると、相手は「面目をつぶされた」と感じて横を向いてしまいます。このように、男女の相性というものは「金生水」の相生であっても、五行の原則通りにはならないものなのです。

七赤金星
と
一白水星
の
相性度

50%

七赤金星と二黒土星

あなたが七赤金星の男性ならば、二黒土星の女性との付き合いは、やや厳しいものになるでしょう。というのも、二黒土星の女性は母のように心根が優しく、行き届いた配慮ができる人なのですが、異性との交際面では受け身的です。これに対して、七赤金星の男性は、社交的で女性に求めるものが多いために、二黒土星の女性の言動に物足りなさを感じ、交際が軌道に乗る前に途切れてしまう可能性が大きくなります。五行の組合わせでは「土生金」であり、相生の関係なのですが、九星では共に陰の星と陰の星であり、これが何となく息のあわない原因のひとつになります。

あなたが七赤金星の女性なら、二黒土星の男性に異性としての魅力を感じるのは難しいかもしれません。それは、二黒土星の星がもつ誠実さ、不器用さが女性には「頼りなさ」と映るからです。ですから、このような第一印象をすてて、相手を理解しようという心構えをもたないと、お付き合いの異性として感じることは難しいでしょう。七赤金星独特のスマートな社交センスと積極性で相手の男性を引っ張っていこう、というくらいの意気込みがなければ、長続きする交際の見通しは厳しいものがあります。

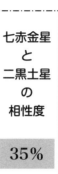

七赤金星
と
二黒土星
の
相性度

35%

七赤金星と三碧木星

あなたが七赤金星の男性ならば、本来七赤金星は、五行の関係では「金剋木」で三碧木星の気とは相剋の関係ですが、七赤金星の男性にとって、三碧木星の女性との組合わせは良いほうです。というのも、三碧木星の女性のもつ勘の良さ、話題の豊富さは、若い樹木のエネルギーにも例えることができるので、楽しさを重視する七赤金星にとって好感をもたれやすいからです。とくに七赤金星は陰の気で、受け身の星ですから、難なく相手に合わせることが出来るでしょう。七赤金星の独特な雰囲気が三碧木星の純粋な感性を惹きつけるのです。

あなたが七赤金星の女性なら、三碧木星の男性とは、スムーズで無難な関係をつくることが出来ます。但し、相手の三碧木星の男性は主導権を握ることを望むでしょうから、そのとき、七赤金星の女性が持ち前の気の強さを出すと、相手の男性はあなたに妥協せず、交際はそこで終わってしまいます。ですから、あなたは七赤金星の特徴である硬軟両面の境界をぼかした姿勢で相手に接することが必要です。例えば、互いの意見が食い違ったとき、つまらない意地を張らないことが秘訣になるということです。

七赤金星と三碧木星の相性度

50%

七赤金星と四緑木星

あなたが七赤金星の男性ならば、四緑木星の女性との交際は、思うようには進まないでしょう。三碧木星の場合と同じく、五行の関係が「金剋木」の相剋ではあっても、相手が四緑木星であれば、ともに陰と陰の気になるため、陰と陽との関係である三碧木星の場合とはケースが異なるからです。つまり、あなたも相手も陰の気質によって受け身的であるため、ふたりとも積極的に相手にかかわってくることが多くないのです。この場合、七赤金星のあなたは、とにかく持ち味の柔らかな物腰や気配りを示して四緑木星の女性にアピールすることです。いずれにしても、四緑木星の女性に対しては、丁寧にリードすることが出来るかどうかがポイントになります。

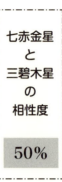

あなたが七赤金星の女性なら、広い趣味を持ち、また感覚的にも鋭いものを持つあなたは、四緑木星の男性にやや物足りなさを感じるかもしれません。ただ、激しさを嫌うあなたにとっては、繊細な神経をもっている四緑木星の男性は願ってもない相手です。四緑木星の男性は節度があり、調和を大切にしますから、七赤金星のあなたがかなり我を張っても、それがキッカケで別れるということにはならないでしょう。問題は、あなたがもつ鋭くシャープな感覚を相手に求めると、四緑木星特有の優柔不断さに物足りなさを感じて、あなたは相手に好奇心を失うでしょう。

七赤金星
と
四緑木星
の
相性度

50%

七赤金星と五黄土星

あなたが七赤金星の男性ならば、五黄土星の女性との関わりはかなり良いと判断できます。あなたの星は社交的で、しかも服装や会話まで、女性に求めるものが多いのですが、相手は思いのほか素直に順ってくれます。五黄土星の女性は、機知に富んだ軽快な会話のセンスを持ちあわせていませんが、その分落ち着いた大人で、女性として頼りになるタイプですから、あなたは精神的に満たされるでしょう。あとは、五黄土星の相手のテンポの遅さにあなたが失望して、早まって交際に見切りをつけないことです。

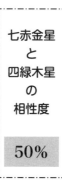

あなたが七赤金星の女性なら、五黄土星の男性は信頼できる相手になるでしょう。ただ、五黄土星の男性はもつ線の太さが持ち味ですから、七赤金星が求めるような臨機応変な会話や趣味というものは、乏しいと言わざるを得ません。なにかにつけてセンスを求める七赤金星の女性にとって、質実剛健タイプの相手は頼りにはなりますが、それを感じとる前に、目先の退屈さ、テンポの遅い言動にしびれをきらせて、彼のもとから去ることになりかねません。

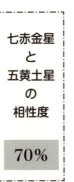

七赤金星
と
五黄土星
の
相性度

70%

七赤金星と六白金星

あなたが七赤金星の男性ならば、六白金星の女性とは、男性が陰の星、女性が陽の星ということで、剛柔のバランスがとれているため、比較的スムーズな交際をはじめることができます。男性はあなたのストレートな気質、頭の回転の良さに魅力を感じ、前のめり気味にあなたとの交際に傾いていくでしょう。ただ、長く付き合っていけば、結局、知らず知らずのうちに、主導権は六白金星の女性の側に移っていきます。また、それに気づいたからと言って、あなたが相手の女性から離れて行くということもありません。そこが七赤金星の星をもつ男性が持つソツのなさなのです。

あなたが七赤金星の女性なら、何故か六白金星の男性がもつ一本気な気質、柔らかさのない言動を、スムーズに受け容れていくでしょう。というのも、プライドに敏感なあなたにとって、プライドの高さをストレートに出す六白金星の男性は、かえって魅力的に映るからです。これが男女の相性の面白いところです。但し、七赤金星の女性に多い、「口うるささ」が表に出るようですと、六白金星の男性と口論になり、アッサリと別れることにもなりますから、くれぐれも口には注意することです。

七赤金星
と
六白金星
の
相性度

65%

七赤金星と七赤金星

七赤金星の男性と七赤金星の女性の組合わせの場合は、男女とも所謂「遊び星」「恋愛星」ですから、付き合いが順調にいくケース、不調に終わるケースとも五分五分ということになります。カラオケ、グルメ、スマートフォンなどお互いに最先端の情報をもっていることを得意としているので、お互いの情報を披露し合い大いに盛りあがるでしょう。また、お互いに、恋愛対象になるだけの不思議な魅力を持っていますが、交際中、お互いにモテるだけに「やきもち」で関係をこわす場合もあります。

但し、七赤金星の男性は「陰の星」ですから、性別と星の陰陽が交差（クロス）しています。このことは、本質的に「ねじれ要素」をもっているということです。しかも、どちらかというと、七赤金星の男性は、気質の表れ方に陰影があり、他方、七赤金星の女性は、地位やプライドに敏感で、人を見下すところがあります。これは、同じ七赤金星の男性が、最も敏感に「嫌味」と感じるところです。また、面倒なことはお互いになすりあうので、そういう意味では自分にとって都合の良い相手ではありません。

七赤金星
と
七赤金星
の
相性度

45%

七赤金星と八白土星

あなたが七赤金星の男性ならば、社交上手でサービス精神が旺盛なので、保守的で守りが堅い八白土星の女性に対する対応には苦労するかもしれませんし、七赤金星のあなたにとって八白土星の女性は、やや物足りないでしょう。洒落たお付き合いが好きなあなたには、八白土星の女性は、いまひとつインパクトがなく、あなたは満足しないからです。但し、気質がソフトなあなたが、ジックリとつき合う気持ちで、八白土星の長所をみるように心懸ければ、良い結果が期待出来ます。まずは、七赤金星のあなたが決して「チャラチャラ」しないこと。八白土星はこの雰囲気を嫌います。あなたの「軽さ」は長所でもあり、短所でもありますが、相手が八白土星の場合は、短所となってしまうことが多いでしょう。

あなたが七赤金星の女性なら、八白土星の男性に、落ち着きと信頼感を感じるでしょう。おしゃれでセンスにこだわるあなたからみれば、相手の男性は「土星」ですから、最初は印象は地味でぱっとしないかもしれません。しかし、七赤金星の女性は勘がいいのですぐに地味な中にも着実さ、誠実さを感じ取るようになるでしょう。他方、八白土星の男性はおおむね寛大で七赤金星のキラキラとした言動に嫌味を感じることなく、受けいれてくれるでしょう。但しそれに甘んじて、七赤金星がもつ気むずかしさ、口うるささをだすと、相手は黙ってあなたを避けるようになりますから要注意です。

七赤金星
と
八白土星
の
相性度

75%

七赤金星と九紫火星

あなたが七赤金星の男性ならば、九紫火星の女性との折り合いは悪くないでしょう。あなたは社交的ですが、相手の九紫火星の女性も、なかなかの社交性を身につけていますから、まずはスムーズに交際がはじまります。

但し、ふたりとも社交的なわりに、面子にこだわる面がありますから、それがぶつかり合うと、ギクシャクすることになります。例えば、九紫火星の高級志向や、知的志向のレベルは、七赤金星のあなたを上回ることが多いものです。そのため、悔しがりのあなたがプライドを傷つけられる危険性が大いにあります。

あなたが七赤金星の女性なら、九紫火星の男性に夢中になるでしょう。というのも、九紫火星の男性がもつシャープな感覚、個性の強さやストレートな言動は、豊かな社交性と多趣味を特徴とするあなたをもってしてもかないません。このように、互いに類似した個性をもっているために、七赤金星よりも気むずかしく、過敏で過激な九紫火星の男性との間で、衝突する可能性が大きいといえるでしょう。

七赤金星と九紫火星の相性度

45%

8　八白土星の男女の相性

八白土星と一白水星

あなたが八白土星の男性ならば、一白水星の女性とは、いくらか距離をおいて付き合うのが　お薦めです。というのも八白土星の男性は堅実な気質ですが、口数が少なくマイペースなタイプが多いので、初めのうちは、心情がデリケートな一白水星の女性に対して、どう対応していいか戸惑うからです。一白水星の女性は順応性がよく見えますが、反面、気むずかしい点をもっているので、とりあえずは、あなたの流儀、趣味、価値観に合わせてくれますが、それも程度問題で、いつまでも貴方が主導権をとらず、スローペースでいると、相手はあなたが傷つかないようにして、そっと離れて行ってしまいます。

あなたが八白土星の女性なら、一白水星の男性との交際には辛抱強さが求められます。八白土星のあなたは、粘りがある反面、陽の星ですから思いのほか割り切りが早いのが特徴です。気質に奥深さをもつ一白水星の男性との交際を発進させるには、あなたの持ち味である「忍耐力」を発揮することが必要とされるでしょう。情を大切にし、情に流されやすいあなたと、現実主義者で冷静かつ偏屈ともいえるほど芯のある相手との合流点をどこに求めるか、難しい問題になるでしょう。

八白土星
と
一白水星
の
相性度

55%

八白土星と二黒土星

あなたが八白土星の男性ならば、二黒土星の女性とは比和の関係で、しかも、男性が陽の星、女性が陰の星ですから、あなたにとって心の波長は合わせやすい方です。以心伝心という作用に助けられて、口数が少なく、実利主義のあなたをそのまま受け容れてくれるでしょう。社交性の乏しいあなたの感性も、相手はさほど気にせずに受け容れてくれるでしょう。ただし、その分、濃厚な恋愛になることはありません。注意点としては、二黒土星の女性はやや懐疑的なところがありますから、言動を二黒土星に詮索され、誤解されないように気を付けなければなりません。誤解から二人の関係が思わぬ方向に行ってしまうこともあります。

あなたが八白土星の女性なら、二黒土星の男性には親しみと強い信頼感を感じ、人生に失敗のない堅実なカップルといえるでしょう。しかし、女性としては、着実、実利一本槍の相手の価値観を理解はできても、異性として満足するとはかぎりません。勿論、気心は合いますし、地味な人生観、派手さのない気質であっても、会話を通じて感じ取れる彼の堅実な計画性、安定感に心を惹かれるようでしたら、結婚相手としてはお薦めです。

八白土星
と
二黒土星
の
相性度

65%

八白土星と三碧木星

あなたが八白土星の男性ならば、三碧木星の女性はウイットにとみ、会話も上手で魅力的に感じるでしょう。どちらかというと、慎重派で口数の少ないあなたに対して、相手は勘がいいので、あなたは相手に主導権をあずけてしまうとよいでしょう。五行の関係では「木剋土」と相剋で、星の陰陽ではともに陽ですから、ぶつかり合う関係ですが、男女の相性の面からのふたりは、決して悪くありません。但し、三碧木星の女性は世話焼き女房タイプですから、あなたには口うるさく感じることがあります。どちらかというと、あなたは、物静かでマイペース人間ですから、同じくマイペースで、気まぐれな相手に不満を抱かないように、相手を理解することが秘訣となります。

あなたが八白土星の女性なら、自分の直感ですばやく行動する三碧木星に、軽薄さを感じたり、また、気まぐれで、せっかちな相手についていくのに苦労することもあるでしょう。いきなり気が変わったり、感情的になることがありますが、三碧木星の男性がもつ一本気な気質や潔さには、一種の魅力を感じるので、簡単に破局にいたるということはありません。むしろ八白土星の粘り強さが、相手に「しつこい」と思わせないようにブレーキをかけることを忘れないようにすることが交際を長続きさせるのがコツといえます。

八白土星
と
三碧木星
の
相性度

65%

八白土星と四緑木星

あなたが八白土星の男性ならば、四緑木星の女性は手応えが弱く、交際相手として物足りなさを感じるでしょう。例えば、男女の情の機微にあまり通じていないあなたにとって、従順に対応する相手に対して、相手の女性はあなたには関心がない、という誤った印象さえ持ってしまいかねないことが心配されます。しかし、多くの場合は、男性が陽の星、女性が陰の星という陰陽のバランスがとれている関係のために、あまり心配はありません。むしろ心配なのは、九星の象意が示唆しているように、不器用なあなたが、変幻自在の四緑木星の女性に翻弄されて、嫌気がさしてしまうケースではないでしょうか。

あなたが八白土星の女性なら、四緑木星の男性とは、ギクシャクしてなかなか合いません。たとえ軽い交際からはじまるとしても、心に遊びの少ないあなたが、その都度の状況に巧みに対応していく四緑木星の男性に信頼感を感じることが出来るかどうかがポイントです。結局、必要以上に人との交わりを求めず、また、必要以上の愛想もない交際ベタのあなたと、社交上手な彼との対応の相違が二人の障害になることが多い点をあらかじめ自覚することです。

八白土星
と
四緑木星
の
相性度

50%

八白土星と五黄土星

あなたが八白土星の男性ならば、五黄土星の女性とはスムーズな付き合いを始められます。というのも星は異なりますが、五行は同じ土性ですから、気質の波長は合いやすいからです。そのうえ五黄土星を本命星にもつ女性は、男性的で決断力もあり、内面は情熱的ですから、気の合う交際相手になります。考え方も価値観も八白土星のあなたと共通点が多く、意気投合するのに時間はかかりません。まさに以心伝心というものです。しかも、あなたが八白土星で陽の星ですから、相性の場合は、相手の五黄土星は陰の星として作用します。唯一心配なことは、頑固な五黄土星と八白土星ですから、一度衝突すると、互いに決して後にひくことは期待できません。地味ではあってもせっかくの意気投合できるカップルなのですから、ケンカ別れになることは避けたいものです。

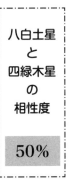

あなたが八白土星の女性なら、相手は懐がふかく、野心に満ちた魅力的な男性に映るでしょう。但し、この相手はどっしりとした魅力が豊富ですが、会話を続けていくと、大風呂敷のような壮大な夢や計画を熱っぽく語ったり、いきなり行動を起こし始めたりします。ですから、堅実、現実派のあなたにとっては、ついて行けないと思いつつ、相手の行動力の魅力にはまってしまうと、あとあと、かなり苦労するでしょう。五黄土星の男性の中には、楽天的で夢想家が多いので、あなたが現実冷静な目を通して、危ないと感じたとき、粘り強い説得は、あまり効果はありませんから、そのまま交際を続けるか、そのような相手を受け容れるかどうかの見極めが大切になります。

八白土星と五黄土星の相性度

80%

八白土星と六白金星

あなたが八白土星の男性ならば、六白金星の女性との交際を続けて行くことは、やや負担になるでしょう。五行の原則では「土生金」で八白土星の気が六白金星の気にエネルギーを与える「相生」の関係ですが、九星の陰陽はともに陽同士になります。土星のあなたの立ち位置は常に実利重視なのに対して、六白金星の相手は、頭脳が鋭敏で精神面を重視するのが特徴ですから、互いにこだわるもの、価値観が違います。八白土星のあなたが、実利や物質的な面ばかりにこだわると、相手との方向性の違いを感じるでしょう。六白金星の女性は、たとえ表向きは穏やかそうにみえても、性格は男勝りで芯の強い女性が多いのが事実です。このような気質で、しかも価値観が異なる相手の女性の心をつかむには、かなりの努力が必要になります。しかも、八白土星のあなたも六白金星の相手も、ともに社交性がいまひとつですから、一度、二人の間に溝ができると、なかなか埋まらないでしょう。

あなたが八白土星の女性なら、互いに強気で妥協が苦手な星ですから、遠慮がなくなってくると、頻繁に衝突するようになります。あるいは、六白金星の男性は頭がシャープでプライドが高く、理想主義的なタイプですから、交際中でも、彼との間合いの取り方に苦労するでしょう。一般的に、六白金星の男性は大変頼りになる存在とされますが、何ごとも理屈が通らないと納得しないタイプですから、「結果オーライ」のあなたとは、何ごとにつけ意見が食い違うことが多いでしょう。

八白土星
と
六白金星
の
相性度

50%

八白土星と七赤金星

あなたが八白土星の男性ならば、七赤金星の女性とは、ややギクシャクした感じを持つでしょう。五行では「土生金」で相生、陰陽では男性の星が八白土星で陽、女性が七赤金星の陰ですから、バランスがとれてはいます。しかし、男女の関係は一面だけで良し悪しを判断できるほど単純なものではありません。七赤金星の女性の持ち味は、その社交性や鋭敏な感性、豊富な話題と巧みな会話術ですが、これに対して八白土星の男性は地味で堅実、口も重い人が多く、お付き合いの会話の中で、七赤金星のお相手にテンポを合わせるのは一苦労でしょう。七赤金星の女性が、その本領を発揮すればするほど、あなたは相手にテンポに合わせることが負担になって、ついには、黙って撤退することにもなりかねません。

あなたが八白土星の女性なら、七赤金星の男性には最初はあまり評価しないはずです。というのも、七赤金星の人の会話やセンスの中に、どこか「柔らかさに潜む冷静さ、割り切りのよさ」を感じさせられ、「信頼性に欠ける」という印象をもってしまうケースがあるからです。とくに八白土星のあなたは、現実重視なのに対して、現実的安定感にやや欠ける七赤金星の男性には、いまひとつ躊躇することがあるかもしれません。社交性のある七赤金星に対して、対人関係に固さのある八白土星のあなたは、七赤金星の相手の生き方に価値観の違いを感じることもあり、ついて行くのに苦労することもあるでしょう。

八白土星
と
七赤金星
の
相性度

70%

八白土星と八白土星

八白土星の男性と八白土星の女性の組合せの場合は、同じ五行、同じ陰陽のために、相性がいいと思いがちですが、実は、それほど「いい」というわけではありません。というのも、「似たもの同士」は、気の波長が同じですから長所も短所も互いによくわかり、相手の中に自分自身を見ているようで、少しのズレであっても、相手を受け容れるノリシロ（許容範囲）は実は意外と狭いのです。その上、土星同志で感情表現がなめらかではなく、上手くありません。さらに八白土星の持つ頑固さが加わるので交際はスムーズには進みまず、軌道に乗るまでに時間がかかるでしょう。底の部分では、お互いの誠実さ、堅実な部分を認めていますから、積極的に交際を継続していくには、男性のあなたが主導権を握らなければなりません。そうすれば、相手はあなたに従ってくるでしょう。

八白土星
と
八白土星
の
相性度

60%

八白土星と九紫火星

あなたが八白土星の男性ならば、九紫火星の女性はあなたのタイプと言えるでしょう。但し、五行の原則が「火生土」で、相生だからという単純な理由ではありません。というのも、相手が九紫火星の女性の場合、八白土星の男性がイニシアチブをとるのはかなり難しいからです。地味で社交性の少ないあなたにとって、交際を続けること自体が重荷に感じることがあるでしょう。ですから、頭の回転が速く、手八丁口八丁の相手と交際を続けて、自分のほうに顔を向けさせるのは容易ではありません。しかし、持ち前の着実さと手堅さで九紫火星の相手に、現実を直視する堅実な生き方、つまり大人の安定感をアピールすることが必要でしょう。そうすれば、はじめこそ相手は戸惑いますが、あなたに心を開くようになるでしょう。

あなたが八白土星の女性なら、九紫火星の相手は、付き合いの中で充分に交際の楽しさを味あわせてくれますから、この点で「あなたの好みのタイプ」と言えるでしょう。但し、ややもすると、あなたはこの星の男性に振り回され、うっかりすると最後は悔しい思いをすることがあります。しかし、大半のケースでは、八白土星の星の女性は一目惚れするタイプではないので、男性側の気の利いたウイットや、レベルの高い趣味に幻惑されることは少ないでしょう。この相手との交際は気を緩めると、相手のペースにはまって不安定な交際になりやすく、あちこちに落とし穴があることを心にとめておくことです。

八白土星
と
九紫火星
の
相性度

90%

9　九紫火星の男女の相性

九紫火星と一白水星

あなたが九紫火星の男性ならば、一白水星の女性との関わりは、火と水との相剋から想像されるような厳しい対立や衝突になるわけではありません。勿論、五行の関係からは「水剋火」ということで、九紫火星のあなたは、一白水星の相手に「火を消される」即ち「剋される」関係とされますが、これはあくまでも五行の気の原則であって、ひとつの小宇宙である人間の相性の場合は複合的な評価が必要です。例えば、知的雰囲気の好きな九紫火星の男性にとって、鋭い観察力を感じさせる一白水星の女性は、憧れにもなって惹かれることになります。但し、九紫火星が直感力が鋭いタイプであるとすれば、一白水星は洞察力が深いタイプということができます。ですから、九紫火星の魅力である、スマート、華やかさ、知的センス、高級志向などが、一白水星の女性には通じないケースがしばしば生まれてきます。その場合、洞察力のある一白水星の女性は九紫火星にある種の危うさを感じ取って、あなたから離れていくでしょう。

あなたが、九紫火星の女性なら、最初は、火と水という自分と異質な相手の性格に戸惑いを感じるかもしれません。しかし、暫く交際を重ねれば、あなたは一白水星の男性の考えの深さに畏敬の念をもつようになるでしょう。九紫火星の女性は感情に左右されやすく、思い込みの激しい面を多分にもっています。これに対して一白水星の男性は常に冷静で、しかも時によっては、手の内のすべてをみせないところがあり、「大人」としてのイメージをもっています。カリスマ性を好む九紫火星の女性にとっては、尊敬の念が芽生え、彼に畏敬にみちた好意を抱くことになる組合わせです。

九紫火星と一白水星の相性度

65%

九紫火星と二黒土星

あなたが九紫火星の男性ならば、二黒土星の女性には心の温かさと平凡さの両面を感じ取るでしょう。ですから、どちらかというと、表面的な刺激に反応するタイプの九紫火星のあなたが異性には受け身的で、積極的なアピールが苦手な二黒土星に対して、どこまで関心を抱くかは疑問です。相手を良き伴侶をとして視野にいれるのでしたら、九紫火星のあなたがもつ価値観を見直す必要があるでしょう。

あなたが九紫火星の女性なら、二黒土星の男性には、いつも満たされないものを感じることになるでしょう。というのも、九紫火星の女性は神経がシャープで、感覚が鋭敏ですから、彼の受け答えには、どこか物足りなさを感じるのです。もちろん、二黒土星は地味、素朴さと同時に、堅実、誠実さという両面をあわせもっているのですが、同じ土星でも、五黄土星や八白土星の男性が醸し出すような信頼感というものはあまり感じさせません。華やかさ、刺激的な楽しさをとるか、人柄、寛大さ、穏やかさをとるかの二者択一的な選択になるケースが多いでしょう。

九紫火星
と
二黒土星
の
相性度

50%

九紫火星と三碧木星

あなたが九紫火星の男性ならば、三碧木星の女性に、やはり一目惚れするタイプです。あなたは打てば響くような相手の勘のよさに満足し、明るくテンポのある会話が、とても気にいるでしょう。とくに、三碧木星は九紫火星に似て、ウイットに富み、決断も早いので、同じ職場などで出会いがあれば、急速に親密になります。しかし、だからといって、すべてがうまくいくわけではありません。互いに感覚が鋭く、口が達者なため、ささいなことで激しい口げんかになり、それがこじれるとふたりとも感情的になって、あっという間に別れてしまうことになります。往々にして、三碧木星の独断的なところが、九紫火星のあなたの気むずかしさを刺激してしまうからです。

あなたが九紫火星の女性なら、三碧木星の男性に一目惚するでしょう。この星は、互いに初対面から会話が弾み、初めのうちは、互いに好感度の高いカップルになります。とくにあなたが九紫火星（陰の星）で、相手が三碧木星（陽の星）の男性ですから、陰と陽がクロスしていますが、対になってバランスがとれており、女性の積極的なアプローチに、あなたもスムーズに応じるでしょう。但し、一番大きな障害は、ふたりとも我が儘ですから、相手のペースにあわせようとする心がけが乏しいか、持続しないという点です。感情的に激しくぶつかり合い、あっという間に決別してしまうケースが多いのが心配されます。

九紫火星
と
三碧木星
の
相性度

50%

九紫火星と四緑木星

あなたが九紫火星の男性ならば、四緑木星の相手は、違和感がなく付き合えるタイプです。会話もあなたの独演になるでしょうし、ある意味、我が儘なあなたを穏やかに受け容れてくれます。ただ、会話や交際のなかで、あなたが期待するほど手応えがないことも事実です。この点ではやや物足りなさを感じるでしょう。あなたがアクティブ（積極的）にアピールしているにもかかわらず、ふと、自分が相手の掌にいるような感じが残ります。相手が受け容れてくれるからと言って、あまり思いのままに振る舞うと、手のひらでぎゅっと握られてしまいかねません。せっかく上手くいっている交際を維持させるには、相手が自制的な分、あなたも自己コントロールが必要となります。

あなたが九紫火星の女性なら、四緑木星の男性の優しさ、温和さを感じるより、まずはその柔弱さ、男性としての頼りのなさを感じるでしょう。勿論、すべての四緑木星の男性がそうだというわけではなく、感性の強い九紫火星の女性から、そのように受け取られるということです。その結果として、四緑木星の長所が見過ごされてしまうケースがよくあります。いずれにしても四緑木星の気質が幸いして、ふたりが激しく衝突することはありませんが、九紫火星のあなたは、譲ることが苦手な気質ですから、安定した交際を実現するには、ハードルがやや高いでしょう。

九紫火星
と
四緑木星
の
相性度

65%

九紫火星と五黄土星

あなたが九紫火星の男性ならば、五黄土星の女性にあっさりと心が傾くということはありません。むしろ「気づいてみたら惹かれていた」というケースが多いでしょう。但し、ひとたび心が傾くと、五黄土星は力強く、また大人の星ですから、徐々に相手のペースにはまっていくことになります。逆に相手の女性が九紫火星のシャープさ、能弁さの中に人間的な危うさを感じ取ると、徐々にあなたから距離をとるようになります。昔から言われるように、九紫火星の男性は生涯、徳を積むことが求められるのです。

九紫火星と五黄木星の相性度

75%

あなたが九紫火星の女性なら、五黄土星の男性に強い恋愛感情を抱くでしょう。但し相手の男性は、初めのうちは、あなたほどには夢中にはなりませんから、何となく、片思い的な形になることが多くなります。あなたの星が陰、相手は五黄土星ですから、陽の星という関係になり、互いに組み合う形になります。元来、土星の気質はスロー・スターターで、あなたのようなスピードは持ちあわせていないため、初めのうちは、あなたについて行くのが精一杯になります。しかし、親しさが深まってくると徐々に相手は奥深さを発揮してきます。惚れやすいあなたは、そうなればハードルが低くなって交際は深まっていくでしょう。ただし、あなたの機転の良さがかえって「軽薄さ」と誤解されないことが大切です。

九紫火星と六白金星

あなたが九紫火星の男性ならば、六白金星は所謂「智の星」「天の星」ですから、六白金星の女性と交際を長続きさせるのは厳しい点があります。九紫火星と六白金星という二つの星は時折、互いに感情的になって、ぶつかり合うような展開になることがあります。とくに九紫火星（陰の星）の男性にとって、相手が六白金星（陽の星）の場合、相手は気位の高い女性ですから、その言動が九紫火星の繊細なプライドを傷つけるケースがしばしば出てきます。逆に、もしあなたが相手の面子をつぶすような言動をとって相手のプライドや感情を刺激すれば、相手はあなたに反発し、修復はかなり難しいでしょう。

あなたが九紫火星の女性なら、六白金星の男性との交際のカギは、男性の側にあるといっても言い過ぎではありません。というのも、奔放でプライドが高く、華やかで頭のシャープなあなたを、派手さや社交性の点では九紫火星の女性には及ばない六白金星の相手が、気位が高いにもかかわらず競い合わず、あなたの振る舞いをどこまで受け容れるかがカギとなるからです。

九紫火星
と
六白金星
の
相性度

50%

九紫火星と七赤金星

あなたが九紫火星の男性であれば、七赤金星の女性に魅力を感じないはずはありません。すぐにお互いを恋愛相手として意識することになります。ふたりとも華麗さや、新規なものを好み、自己顕示欲が強く、弁舌が巧みなタイプですから、せっかちなあなたは一目惚れする可能性が高いでしょう。しかし、この関係は長く続くことはあまりありません。神経質でデリケートな九紫火星の男性にとって、相手がもつ強い自己顕示欲に接すると、嫌気をさすのは時間の問題です。ともに陰の星ですが、九紫火星はとくにデリケートです。互いに自己主張が強く、口論によって諍いが繰り返されるようになりやすく、七赤金星の女性との交際は長続きしない可能性が大でしょう。

あなたが九紫火星の女性なら、七赤金星の男性との交際をスムーズにさせるのは難しい点があります。というのも、七赤金星と九紫火星は派手を好み、気のきいた会話を好むという類似点が多いのですが、九紫火星は自分のことしか頭にないタイプが多いからです。しかも、七赤金星の相手は、負けず嫌いで、また、負け惜しみの強いタイプです。あなたは出会いの最初は惚れ込むのですが、相手に男性らしい気迫が感じられないと、急に熱が冷めていくことになります。

九紫火星
と
七赤金星
の
相性度

45%

九紫火星と八白土星

あなたが九紫火星の男性ならば、八白土星の女性とは、当初から安定した交際が期待できます。九紫火星の男性は自己顕示欲が強く、それが周囲の人には自己中心的な言動に映りますから、近寄りにくい人と感じる人が多いのが一般的です。しかし、この点、八白土星の女性は、このような点にこだわることはあまりありませんから、さほど大きな障害にはなりません。また、九紫火星の人は、神経質で気むずかしいのですが、他方で、広い知識と巧みな会話術で、相手を充分に楽しませます。この点では、軽いタッチの会話が不得手な八白土星の女性に九紫火星のあなたは物足りなさを感じることもあるでしょう。しかし、五行の論理では「火生土」で、言葉通りに言えば、火星が土星を支える関係になりますが、人間関係の局面では、むしろ土星の包容力で九紫火星のあなたの激しさが吸収されるイメージでしょう。

あなたが九紫火星の女性なら、八白土星の男性には心身ともに安定した「男性」という印象をもちますから、徐々に、しかし、確実に親密さを持つようになるでしょう。八白土星の男性は、どちらかというと内向きで自給自足的なタイプが多く、時折、内に秘めた高慢さをのぞかせることがあります。それでも、自分にない堅実さや着実さを感じて、八白土星の男性との交際を大切にする可能性は高いでしょう。

九紫火星
と
八白土星
の
相性度

80%

九紫火星と九紫火星

九紫火星の男性と九紫火星の女性の組合わせの場合は、男女ともに、一目惚れタイプです。しかし、だからといって「良い組合わせ」と簡単にいうことはできません。この星の関係は激情型で「熱しやすく冷めやすい」ケースがしばしばあるからです。また気質的に九紫火星は、男女を問わず一点集中型で、短兵急な面まで同じです。ですから、上手く交際が続いているのかと思うと、突然、別れ話がでて、あっけなく別離ということもあります。別れの理由など誰にも話さず、結果だけが突然あるというパターンです。ともに我が儘でプライドが高く、感情的で頭がシャープ、口が達者ですから、ささいなキッカケが、激しい口論の原因になることが少なくありません。あらゆるものに一流品好みですから、人に対しても同様で、自分の価値観で高いレベルを要求します。その為、するどい直感力で、あっという間に意気投合することが多いのですが、逆に、鋭角的な性格を持つ同志ですから、安定感を欠く組合わせとも言えるでしょう。生涯にわたって徳を積むことが必要とされるタイプ同志ですから円満なお付き合いを長く続けるには、高いハードルが待ち構えているということになります。

九紫火星
と
九紫火星
の
相性度

50%

第二章　運命の観方

＝新しい月命盤鑑定論＝

第一節　流年運（年運・月運）の観方

人は毎年毎月の仕事や家庭、あるいは金運や事業の好不調をいう「流年運」と、生まれつきの「潜在運」の二つの交差する場に立っています。そのため、人のその都度の運気を把握するためには、この「流年運」と「潜在運」のふたつの観方を知る必要があります。そこで、まず流年運（年運と月運）の観方について説明していきます。

【1】年運鑑定の要諦

①人の運気の吉凶・強弱は、本命星が九宮を回座することによって九年周期で繰り返す。
②九星が後天定位盤の九宮を年単位で順次遁行することによる運気の盛衰を年運、月の場合は、九ヶ月を一周期とし月運とする。
③人の運気盛衰の流れは本命星がもつ気エネルギー（気質もそのひとつ）と後天定位盤の九宮それぞれがもつ気エネルギーが、互いに回座・同会する際の相互作用から成り立っている。

さて大正から昭和期にかけて活躍した気学者、園田真次郎氏（以下、園田氏と略す）は、九星の遁行の規範と大気現象（主に太陽熱による寒暖の変化）による四季の推移、それによる植物の生長枯死が九星の遁行順と同調することに着目し、人の運気の盛衰を周期としてとらえ、盛運期、衰運期に区分しました。例えば園田氏の著書『気学大全』（上巻86頁）には「定位の一白の上に同会した星を本命とする人は、一白の特性と作用とを受けて、万物凋落の北方、冬の姿にそのまゝに、家運も財政も信用も地に落ちて・・・又定位の東三碧の上に同会した星を本命とする人の運勢は、冬とは反対に春の陽気を受け・・・」とあり、さらに他の箇所では「その翌年西に廻った年を以て、陰運衰運の初歩とし、漸次凋落して艮から南に廻り、南から北に転落して、北の厳寒期即ち衰運の頂上に達し、坤に至り漸く陰極陽を生じて、次ぎに又東の陽運に転換すると云う風に、四年良くて五年悪いと云う運勢の周期率は、定まりきっている・・」（同91頁）とあります。

現在、気学運気論の骨子は、園田氏のこの運気周期論を規範としており、実際、気学では、気の作用・象意を大気の自然現象に範をとっているところが多々あるところから、この点で、彼の運気論、とくに人をとりまく四季の推移による盛衰区分は、それなりの説得力もあります。しかし、園田氏は太陽の移動による寒暖の推移に基づいた運気盛衰論であり、それも主に四季の推移を重視した極めてシンプルな運気論になっています。ひとまず、園田氏の運気の盛衰について図表にしてみると次のようになります。

この図のように運気の周期を坤宮から中宮までを盛運期、乾宮から坎宮までを衰運期と区分しています。九宮の気が季節の推移と九星の遁行に同調しているととらえ、人の運気を盛衰の周期として明示したことは、園田氏の功績といってよいでしょう。しかし、園田氏の運気盛衰論は基本が四季に代表される自然現象に依拠しているために、基本的な点で、いくつかの曖昧な点を残してしまったのです。そもそも、園田氏の論のように、人の運気の盛衰が季節や自然現象と同調する、という観方が有効なのか、という点です。というのも、後天定位盤の八宮と季節の円環との位置関係では、坤宮同会の時期が、晩夏から初秋の位置になるのに、何故盛運期のはじめとなるのか、あるいは、晩春から初夏の季節は巽宮の位置と合致して盛運期とされているのに、それに続く最盛運期が仲夏の離宮とされず、何故、中宮が最盛運期となるのか、という疑問を説明することが出来

【運気盛衰表】

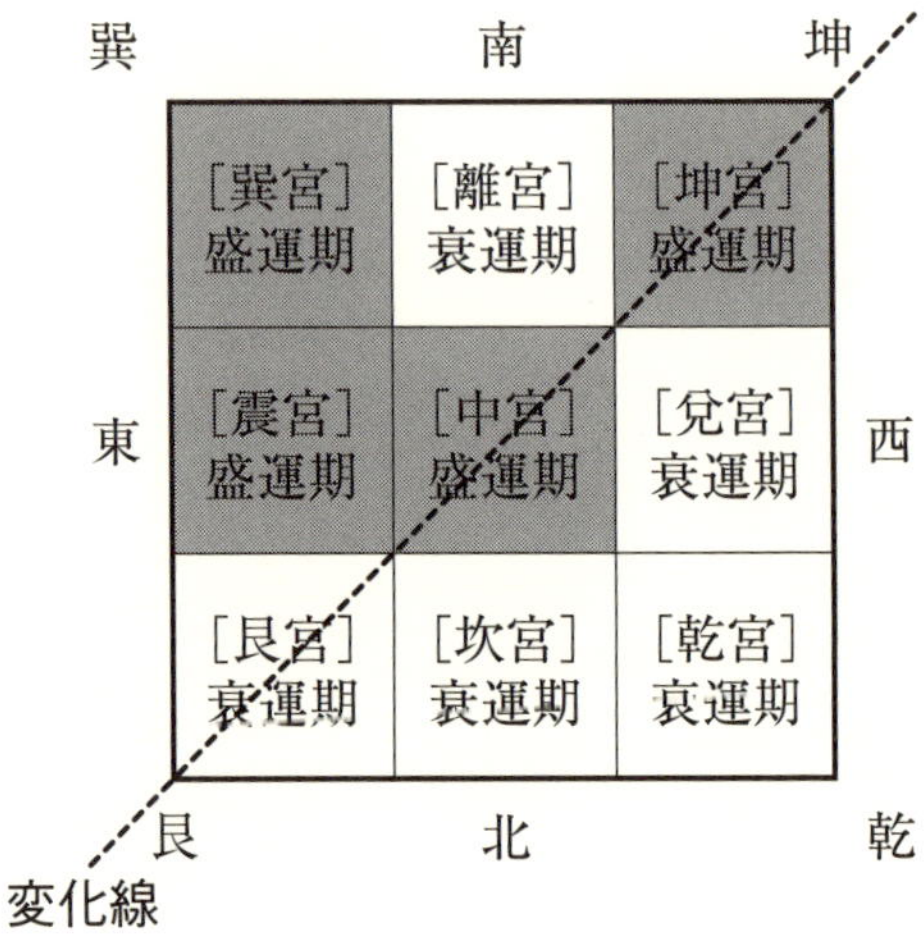

ないからなのです。結局、園田氏は説明しやすい部分だけ、季節の変化と運気とを同調させて取り上げて説明してしまったところに問題が生じたのです。

では、気学の運命論の根拠はどこにあるのか、を明らかにします。

中宮と坎宮をそれぞれ盛運と衰運の頂点とする気学運命論は、

①洛書に由来する後天定位盤の九星の遁行

②八つの易卦の暗示

③後天定位盤の中宮は易卦（形象）がなく、それを五黄土星とし盛運期の頂点とする

の三つを規範としているのです。しかも、この三者に共時性（シンクロニシティ）による関連性を見いだすことによって、時系列としての運命論、即ち運気周期論として確立したところに、気学の先達による功績があるのです。

言い換えれば、

①運気の周期性を根拠づける「遁行」という九星の時系列を洛書から抜き出す。

②運気の盛衰を決定する気エネルギーの作用と象意を易の八卦に基づける。

③義理易（「占い方の指南書」であるよりも「気の世界論」として深められた易論）の核心となる「太極」を「形なし」、従って、「気の作用・働き」のみ（「五黄土星」）として捉え、それを生々の気（エネルギー・元気）として中宮に配置し盛運の頂点と位置づける。

この三点によって、運気の盛衰周期論を構成したところに、気学運命論の基本があるのです。

このような視点から盛運期、衰運期をまとめると、次のようになります。

【盛運期】本命星が年盤上で回座する宮が、後天定位盤の坤宮→震宮→巽宮→中宮までが、時系列でいう気エネルギーが活発な時期、即ち盛運期とします。本命星がこれらに回座している期間は、本命の気の内外を問わず、気エネルギーの強さは向上し、周囲の気の環境も追い風となり、盛運期となります。但し、中宮に回座している本命星は、盛運期であっても、本命の気エネルギーが激しい変化作用をうけ、他方、暗剣殺（ア）や破（ハ）を帯同している本命星は、気エネルギーの活力が減少し、その結果、盛運期であっても運気は下降します。

【衰運期】本命星が年盤上で回座する宮が、後天定位盤の乾宮→兌宮→艮宮→離宮→坎宮までが、時系列でいう気エネルギーが停滞・不活発になる時期、即ち衰運期といい、本命星の内外を問わず、これらの宮に回座している時期は、周囲の気の環境は逆風となり、従って、本命の気エネルギーの動きも鈍く低下します。

なお、後天定位盤では、中宮の五黄土星の気エネルギー（生々の気・元気）が八方位に展開して八宮の気エネルギーのベースを形成しているのです。即ち、中宮の気が八方位に展開することによって、八宮それぞれの作用と象意が成立し、同時に中宮の気が八宮に共通する気のベースとなるのです（五黄土星と他の星との関係については、本書第五章〔完全版〕『気学の真髄』で詳しく説明してあります）。

また、本命星のエネルギー（気エネルギー）は、凶方位を使った場合と凶相の家相に居住している場合には減退します。しかし、方位を使うのではなく、年盤上で本命星が後天定位盤の中宮（五黄土星）に同会した場合は、本命の気エネルギーが激しい変化をうけるというように、気エネルギーの作用と現象が異なる点に注意を要します。また、暗剣殺、破を帯同した場合は、本命の気エネルギーが活力を損なわれて減退し、運気が下降します。

〔2〕年運の観方

1　本命星が坎宮（北）に回座する年

［後天定位盤］

		南		
	4	9	2	
東	3	5	7	西
	8	1	6	
		北		

後天定位盤の北は坎宮であり、坎の易卦は「坎（カン）」、その正象は「坎為水（カン・イ・スイ）」とされているように「水」であり、坎宮の気が代表する作用・象意は、水のふたつの面、即ち、柔軟でありながら、それでいて自身の本質は失わないこと、つまり、どのような形状の器であっても、その形状を問わずに器の形に順って器に入り、しかも、器の形状に左右されず、自身の本質は失わないという水の本質なのです。他方、易において、坎は苦難、苦悩の作用・象意とされています。事実、易六十四卦のうち水の気の作用が苦難、辛苦を示す卦が三つあり、所謂、易の三大難卦といわれているほどです。九星の一白水星は易の坎に該当し、坎は水である、というのが、後天定位盤の北、一白水星の定義となります。坎とされるのは、坎＝土＋欠（深い穴）という字義をもち、これは水が流れていくとき、行く先に深い穴があれば、まず、その穴を十分に満たしてあふれ出ないとその先に進めない、読み替えると、深い穴に陥って這い上がるのに苦労するさま、即ち、うち続く苦難を現象させる作用の気が展開する宮とされているのです。いずれも坎宮に展開する気の作用・象意の特徴が「柔和」「受け身」「芯が強い」「受難」「艱難辛苦」であると捉えていることがわかります。

このように、坎宮（一白水星）の気は、水の質である冷静さと柔軟さ、そして苦難の作用・現象をもつ気なのです。従って、このような気が展開する坎宮に回座する年は、気エネルギーの活力が最も低くなるため、運気は衰運の極となります。即ち、九年周期のうち最も気のエネルギーが下降し、気の環境をはじめ、気力、判断力、交渉力、発信力、免疫力などが低下します。このため、公私とも、仕事上の苦労、悩み事、交渉事の渋滞が繰り返されることが多く、健康面でも不調に陥る年となります。

九星遁行の時系列から見れば、坎宮は一白水星であり、九年を周期とする遁行の最初にあたり、盛運期の始めとされてもよい宮なのですが、坎宮が易卦の「坎」であること、中宮が五黄土星として運気のピークとされ、漸次、衰運へと向かっていくところから、坎宮は衰運の極、即ち、衰運の末期とされる理由があるのです。このような遁行の時系列と坎宮の作用・象意から、坎宮回座の年は、次の盛運期への移行期としての宮になっています。この坎宮回座の苦労に耐えかねて、結局心が折れるか、それとも翌年からの盛運期へ繋げるか、対応の仕方は本命星によって異なります。いずれにしても、この一年間は忍耐と辛抱、そして運気の推移を心得て行動し、翌年に繋がる企画と行動以外は、不要なエネルギーの消耗を最小限に抑えることが必要な年となります。

2　本命星が坤宮（南西）に回座する年

［後天定位盤］

南

4	9	2
3	5	7
8	1	6

東（左）　西（右）

北

後天定位盤の坤宮は、易卦は「坤（コン）」であり、その気がもつ作用・象意は「坤為地」（コン・イ・チ）とあるように「平地」ということになります。平地はすべてを受け入れて吸収し、常に万物に滋味を与えて、根気よく万物を養うことを特徴とする気エネルギーが作用する場です。時系列的には坎宮回座の衰運期を脱した年となり、中宮を折り返し点とすると、運気の推移としては衰運期から盛運期に入った年となります。但し、坤宮は九星では二黒土星の気エネルギーが展開していますから、坤宮回座の年は本命の気エネルギーが「土」の変化作用を現象する年となります。同じ土星でも五黄土星、八白土星などの土性とは違って、二黒土星の気エネルギーの特徴は、「平地」「田畑」の土という象意からわかるように、気持ちの高揚も落ち込みもなく、日常生活では可もなく不可もない年ということになります。ただ、土星の三つの宮によって構成される変化線のひとつであるため、本命星の内外を問わず、二黒土星としての平凡な日々でありながら、突発的な事象が起きるという年にもなります。このため毎日の生活が、何となく動きが鈍い感じで、盛運期に入ったという実感があまりありません。ただ、盛運期の頂点である中宮へ向かって、昨年よりも一歩前進したために、考え方や行動が前向きになり、ひとつひとつしっかりと対処していこうという気持ちになる年です。従って坤宮回座の運気については、「盛運期の入り口」、本格的な盛運期への「移行期」とみるのが実情でしょう。また、坤宮回座の年は、土が植物を養うように、根気強く物を養う、面倒をみたり世話をするという二黒土星の土の作用・象意から、家族、親族の問題をかかえている場合は、身辺の人の世話の問題が現象する年になります。地味であっても日々の課題を着実にこなしていくこと、その努力が三年後の中宮同会に向かって結実していくという年であるということができます。ですから、日々の平凡さに寄りかかって、運気の推移を見過ごして無為に一年を過ごしてしまうか、あるいは、しっかりと努力するか、これは気学運命学を識っているか否かによって異なってくると言っても過言ではないでしょう。

3　本命星が震宮（東）に回座する年

［後天定位盤］

		南		
	4	9	2	
東	3	5	7	西
	8	1	6	
		北		

後天定位盤の震宮は東に配置され、易卦は震（シン）で「震為雷（シン・イ・ライ）」とされているところから自然界の雷がもっている気エネルギーに象徴される作用、現象の気と捉えていたことがわかります。即ち、三碧木星の気エネルギーは、「震う気」「大は大気を轟かせる音響、小は言葉に至るまで」さらには「事態を急進させる気」、「万物の成長を促進させる気」という作用のエネルギーと見ていました。運気の推移としては、盛運期に入った坤宮の気の流れを引き継いでいる年ですから、震の気エネルギーをうけて、「事態が急進する気」、運気の急進現象が特徴となります。また「万物の成長を促進させる気」という作用・象意から、三碧木星を本命星として稟けた人は、「活気がある」「若々しい」「性急（せっかち）」という気質の特徴をもっています。ですから、本命星がこのような気エネルギーが展開する震宮に回座すると、いずれの人も「急進・急激」という気エネルギーの中に身をおくことになります。また、「震＝ふるう」という意味から、自分自身の内側を外部へ

あからさまにする衝動にかられるようになり、このため、震宮回座の年には、「自分から顕す」「うっかり隠し事を暴露してしまう」年にもなります。

いずれにしても、震宮の気エネルギーの特徴から、本命星の内外を問わず、気エネルギーが活性化する一年になるため物事が一気に進んだり、逆に活気が度を越して血気になってしまい、例えば、会話のやりとりの行き違いから感情的になって、コツコツと順調に進んでいた事態が思わぬ方向に急発進する危険性を孕む年にもなります。

4　本命星が巽宮（東南）に回座する年

［後天定位盤］

		南		
	4	9	2	
東	3	5	7	西
	8	1	6	
		北		

巽（ソン）は易では東南の方位とされ、運気の周期では、「実質的な」最盛運期となります。まず、時間軸からみれば巽宮に展開する気エネルギーは急進の作用を持つ震宮のエネルギーと、生々のエネルギーそのものの作用、即ち、激変する中宮の気エネルギーとの中間に位置する宮であり、「中庸」という最も重視される生き方、

形態（あるいはポジション）にあたるところから、巽宮に回座する年は実質的な最盛運期とされます。また、易卦の「巽」の字源は「台座のうえに、物が整然と並べられている有様」を表すという意味をもっており、これと易卦「巽為風（ソン・イ・フウ）」という言葉を考え合わせれば、風が吹くことによって、同じ方向に万物をなびかせるという巽の気エネルギーの作用・現象を示しているのです。ここからわかるように、巽宮回座の年は、本命星の内外の気エネルギー作用によって、昨年まで続けてきた事柄をスムーズに仕上げることができたり、諸事を整える気になる、労せずして整う、諸般のバランスをとる、あるいは労せずしてバランスがとれるようになる、という気の作用が現象する年になります。

5　本命星が中宮（中央）に回座する年

[後天定位盤]

		南		
	4	9	2	
東	3	5	7	西
	8	1	6	
		北		

運気の推移、流れとしては、最盛運期の位置にありながら、身の処し方が最も難しいのが中宮（五黄土星）に本命星が回座した年です。そもそも坤宮（二黒土星）、中宮（五黄土星）艮宮（八白土星）の三つの宮は、いず

れも五行は土性であり、万物を変化させる土特有の作用エネルギーをもっています。しかし、この三つの土星の中でも、とくに後天定位盤の中宮に位置している五黄土星の気は、生々の気（気エネルギー、元気）であり、その為、エネルギーの力が最も強く、本命星が後天定位の中宮に回座する年は、変化の極み、激変という強烈な作用をもたらします。このような気エネルギーが発見された原初には、先秦諸子百家といわれる『孟子』をはじめ、『荘子』などに見られる思想で、気は万物を成り立たせるエネルギーとして考えられていました。しかし、易が漢代以降、数象を重視（易卦の構成を重視）する人々と義理を重視（気の存在を理論的に追求）する人々とに分かれ、とくに義理易が深化された宋学に至っては、八卦に該当しない遁行盤の中宮は、老荘や道家の「太極」という言葉をもって名付けられ、徐々に抽象化されていき、気エネルギーとしてのリアルな作用が抜け落ちてしまったのです。これに対して、気学では、後天定位盤上の中宮は五黄土星が配置され、「易卦がない（形状・際限がない）」ということから、「限りがない」即ち、漠とした生々の気エネルギーが展開する宮として、『孟子』や『荘子』が説いた気の本来の意義を復活させることができたのです。

ところで、中宮回座の年は九年周期の九星遁行の中央に位置しており、本命星の内外とも気エネルギーが最も強いという点で、運気の「最」盛運期とされています。それだけに、自分自身の立ち位置をしっかりと見据えることが出来る心がけをしていないと、中宮に回座することによって万能感に浸ったり、高揚感のために周囲のアドバイスを耳を貸す気にならず、進路の方向性を見失ったりして、衝動的行動を起こしやすい年になります。その結果、これまで歩んできた人生の道から足を踏み外して転落することになります。例えば、過去に凶方を使っていれば、今年、五黄土星の強い気エネルギーによって気持ちや周囲の気の環境が煽られて、人生が転覆することになります。逆に、過去に大きな瑕疵がなく、むしろ努力の積み重ねがあれば、予想外の吉運に恵まれることになります。このように、中宮回座の年は、強い気エネルギーに曝される年であり、巷の気学で言われているように「中宮に入る年＝八方塞がりの年」ということはありません。但し、良くも悪くも過去の行為の清算を迫られる時期になります。つまり中宮回座での運気は、これまでどのような行動（但し、行動の道徳的善悪ではなく、方災を犯すこと、凶相の家相に住むこと、あるいは、「結果」を生むような仕業、原因）をしてきたのかということが、事態の急変、進路の変更、転職、移転などとして現象することになります。これに加えて、慢心しやすい気質か、あるいは自己中心的な気質、激しやすい気質かどうかというように、中宮に回座する人の気質的な要因も加わりますから、この点で現象しやすい種（原因）があれば、予期しない結果を招くということになるのです。

6　本命星が乾宮（西北）に回座する年

［後天定位盤］

		南		
	4	9	2	
東	3	5	7	西
	8	1	6	
		北		

乾宮は、時間軸である九星の遁行順によると中宮という運気ピークを抜けて衰運期へと入る最初の年になるわけですから、本命の気の内外を問わず、気エネルギーが低下し始めるとみます。しかし、だからといって、強

い気エネルギーの力をうけ、周囲の環境も気分も高揚していた最盛運期から、突然暗転して諸事に於いて支障が出たり、思うようにならない年に入るというわけでありません。というのも、乾（ケン）は「乾為天（ケン・イ・テン）」といわれ、易の先達が見抜いたように、天の動きに象徴される気のエネルギーであり、動いてやむことがない作用を特徴とします。乾の易卦が全陽（☰）ですから、本命星の別を問わずこの乾の気が満ちている乾宮に回座しますと、自分の気持ちも取り巻く環境も、自ずと活動的になり多忙になります。また、天の特徴である空間的に広大、莫大という作用・象意から、事業や自営業をしている人には、大きな取引が舞い込んだり、駆け引きによる押しの強さが身を結ぶ年になります。これらの点からすれば、中宮回座の前年よりも乾宮回座の年の方が、気力も充実して力強い年となる期待がもてます。

7　本命星が兌宮（西）に回座する年

［後天定位盤］

南

4	9	2
3	5	7
8	1	6

東　西

北

兌宮に本命星が回座する年は、九星の遁行順としては、中宮のピークを過ぎて二年目となり、気エネルギーの退潮がはっきり現象する年となります。運気の力が物事を仕上げる巽宮、それに続く運気の極み、即ち、結果を出す中宮、さらに兌宮へと九星遁行の時系列に順っていけば、本命星の内外を問わず、気エネルギーは、運気退潮の始まる兌宮の年と見るのです。しかも、易では「兌為澤（ダ・イ・タク）」とあって、動植物が安らぎを得る沢地の象としたのです。ところで、安息には身体の休息と心の癒やしの両面があり、ここに兌宮回座の特殊性があります。例えば、身体の休養の場合は、疲れの回復という自覚できる明確な際限がありますが、心の癒やしには、はっきりとした際限がありません。その結果、緊張感の欠如、油断などのために心のブレーキが緩み、欲望のままに突き進んだすえ趣味や道楽に溺れたり、あるいは浪費や異性関係の深入りによる人生の破綻への入り口が、心の癒やしと裏腹の関係になっているのです。字義上でも「兌」の文字は「悦楽」の「悦」（心＝忄＋兌）の一部を構成しているように、快楽で心を奪われた状態、即ち「悦楽」を意味しています。つまり、兌宮の気が人に与える作用には「休養と癒やし」という両面があり、とくに「癒やし」は、悦楽から破滅の道へ流れやすいということです。その結果、本命星が兌宮に同会する年は悦楽によって精神的、あるいは経済的、社会的に抜け殻になってしまう状態に陥る危険を孕んだ年になります。

8　本命星が艮宮（北東）に回座する年

［後天定位盤］

南

	4	9	2	
東	3	5	7	西
	8	1	6	

北

本命星が艮宮に回座した年は変化線上の衰運とします。艮宮は所謂「鬼門」とされ、「さわらぬ神に祟りなし」という扱われかたをされて忌み嫌われ、大凶の代名詞のような印象をもたれています。すでに触れてきたように、後天定位盤上で、二黒土星、五黄土星、八白土星の三つの土星は、「いずれも土がもつ強い変化の作用の宮が並んでいる」ところから、変化線と呼ばれています。

なかでも、艮宮（八白土星）は、唯一、衰運期での変化作用を持つ気なので、艮宮に回座した年の身の処し方には、特有の難しさがあるのです。時間的推移としては、気が緩んで気力が落ちている兌宮での一年間を経てきた結果、艮宮回座の年は停滞感や倦怠感を感じている年であり、しかも艮宮という変化の強い気の宮に回座するわけですから、本命星の内外を問わず、心境の変化や予期しない環境の変化に振り回されます。変化のない変わり映えのしなかった去年までの生活に区切りをつけて、新境地を開拓しようという気持ちや、山師的な気持ちが疼き出します。あるいは、自分の力の及ばないところで決められる人事異動の対象者になったり、そのほか、急な環境の変化に身をおく年になります。易に「艮為山（ゴン・イ・サン）」とあるように、艮宮回座の年は山のような「不動」が求められます。つまり、この艮宮に同会した年に「うかつ」に行動をすると、後年、変化線の三宮のいずれかに回座したとき、このときの行動が原因になって泥沼にはまるようなトラブルに巻き込まれたり、重い健康上の問題が身の上にふりかかることになります。但し、「座して死を待つ」しか術がないわけではありません。行動を起こすなら、我欲をいっさい捨て、出来心でないかを自問自答し、周囲の意見に耳を傾けて行動することです。こうすれば、思う方向に事態を急変させることができます。

9　本命星が離宮（南）に回座する年

［後天定位盤］

南

	東		西
	4	9	2
東	3	5	7
	8	1	6

北

離宮は後天定位盤の九紫火星で、易に「離為火（リ・イ・カ）」とされ、その注釈には「離は麗（レイ）のこと」と解釈されています。麗と離とは音で共通するところから、易の先達は、離卦に輝く、華やか、互いに引き合ったり離れたりする、という気エネルギーの作用を読みとっています。すでに指摘したように園田氏の太陽の運行、季節の推移に基づいた運気論によれば、巽宮（晩春・初夏）の次に離宮（仲夏）が続いているので、離宮が最盛運期と位置づけられても不思議ではありません。

しかし、園田氏の運気論では、離宮回座の年は衰運期とされ、しかも、その理由は述べられていないのです。このような点が、先ほど指摘した太陽の運行、四季の推移に重点をおいて、人の運気を基礎づけようとした園田氏の運気論の説得力の弱さ、疑問として残るのです。仮に、もし園田氏の立場に立って、何故、巽宮→離宮、とならないかを論じれば、次のようになるでしょう。即ち、仲夏は太陽が南中する季節ですから、太陽の熱エネルギーを考えれば、自然現象からは、南は最も「太陽の熱エネルギー」が強い方位にあたります。「太陽の熱エネルギーが最も強いこと」は万物にとって恵みのように思えますが、熱エネルギーの強さが、それを受ける相手（万物）の受容力を越えると、その作用は「恵み」ではなく「破壊力」に変わってしまい、みずみずしい万物を枯れさせたり、あるいは灼熱が万物の生命力を奪ってしまいます。ここに、巽・東南方位（温和な暖かさ）と離・南方位（灼熱の暑さ）との大きな違いがあるのです。このことは、日常生活においても同様です。例えば、病院選びの際には、相生の吉方位を使うことが原則ですが、留意事項があって、気エネルギーの作用を受け止める基礎体力が弱い小児、あるいは、体力が衰えた高齢者の場合は、たとえ病院が相生方位であっても、生気方位ではなく、退気方位の病院を優先することと同じ理由です。他方、九星の遁行順では、衰運の極とされる一白水星の直前の宮であり、この離宮に同会する人に対しては、過去に方災を犯すなどの原因がない場合には、離宮がもつ気エネルギーによる「麗」に象徴される「鮮烈さ」、「際立つ」という作用をうけますから、組織や社会で注目される上昇運というプラスの作用をうけることになります。逆に、過去に凶方を使い、本命の気のエネルギーを低下させてきた人は、離宮に回座することによって、身の程を知らない自惚れによって無謀になって墓穴を掘る、あるいは「際立つ＝白黒の裁きをうける」という作用をうけて、税務署や民事裁判、弁護士などが介入する事案を抱え込むという事態を引き起こす年になります。とにかく、離宮回座の年は冷静であることを心がけ、大きな野心を燃やさずに、粛々と事をこなしていけば、衰運期のなかであっても、昇進や周囲から注目される立場に立つことが出来る年になります。

★変化線について★

後天定位盤の坤宮、中宮、艮宮は、いずれも九星では土星であるため、土が持つ変化のエネルギーを特徴とし、同会する本命星に変化作用を与える星で、この後天定位盤の三宮が形成する斜線を変化線と言います。この変化線を形成する三宮のうち、二黒土星は平地、大地の象意であるところから、平凡な日常の経過のなかでの小刻みに続く変化、五黄土星の変化は八年間の総決算のときにあたり、本命星は気エネルギーの最も強い作用をうけて高揚感とともに激しい変化、そして八白土星の変化は山崩れに象徴される不動と急変、というように区分することができます。

以上が年運の観方の基本ですが、実際鑑定の際には、これに基づいて本命星の特徴と同会する九宮に展開する気エネルギーの作用・象意との関わりを読み取っていくことが必要となります。そこで、次項では具体的な事例をあげて解説していきます。

［3］年運事例検討

ここでは、同会法という観法によって年運の具体例を解説していきます。同会法は気学による基本的な鑑定法であり、具体的には、後天定位盤に年盤を重ねて、年盤上の九種類の本命星の気（気エネルギー）と後天定位盤の九宮にそれぞれ展開している気エネルギーとの関わり方（同会）から、本命星の一年間の運気を読み取ります。この観法のポイントは、一般的には、本命星を軸にして鑑定していきますが、個別鑑定の場合は、その人の本命星のほかに、月命星、傾斜、蔵気などをあらかじめ出しておいて、これらを参考にして推断していきます。その際、本命星の気と同会する後天定位盤の気の作用・象意との関わりを多角的に読み取ること、あわせて盛運期、衰運期という陰影をつけて運気の盛衰を推断することにポイントがあります。

（注）なお、傾斜については、拙著『九星の秘密』（130頁～144頁）蔵気については、当会機関誌『聖法』第245号、第246号に解説してありますので、ここでは割愛いたします。

＜事例　その１＞

１９６８年（Ｓ４３年）９日２０日生まれの人

本命星：申五黄土星／月命星：酉四緑木星

＜２０２１年の年運＞

［２０２１年　丑六白金星年盤］

5	1	3ハ
4	6	8
9	2	7ア

［後天定位盤］

4	9	2
3	5	7
8	1	6

【解説】

二〇二一年、本命星は後天定位盤の巽宮に回座するため、盛運期のうちでも物事が最も順調にすすむ一年になります。自営業の人も、会社勤務の人も思い通りに事が運ぶ気の環境が整います。遠近を問わず営業や事業の相手からの信頼が寄せられ、仕事量も格段にふえて手応えや張り合いもあり、評価と実績も上がります。この意味で、何事も積極的に行動できる年になります。労を厭わずいろいろな情報を集め、多くの人の話を聞き、役立てることです。但し、環境が順風だからと言って、あちこちと手を出して迷わないようにしなければなりません。とくに、五黄土星の人は野心的、何事にも桁外れのところがあり、しかも強引ですから、周囲の意見に耳をかさずに独走し、無理をするとせっかくのよい話も、手からするっと逃げてしまいます。ただ、来年は中宮に入って、盛運期を迎えると同時に激変や波乱が予想される年なので、何事であれ計画をもっている人は、今年中に着手する方がよいでしょう。ところで、この人は、本命五黄土星、月命四緑木星、乾宮傾斜、蔵気は九紫火星ですから、本命五黄土星の気質と乾宮傾斜とが相俟って、五黄土星本来の度量の大きさと決して諦めない気質に加えて、かなり強気で負けん気の強い人です。それと同時に我が儘、自己顕示欲も強い方です。今年は順調に事が運んでも決して図に乗らないこと、例年以上に謙虚であることに心がければ、運気を上手く掴んで、今年、来年と満足する結果を残すことが出来るでしょう。

＜事例　その２＞

１９７１年（Ｓ４６年）３月１８日　生まれの人

本命星：亥二黒土星／月命星：卯一白水星

＜２０１９年の年運＞

本命星に凶神（暗剣殺：ア、歳破：ハ）がついている場合の年運判断では、盛運期、衰運期いずれの宮に回座している年であっても、マイナスの作用、象意を考慮しなければなりません。

［２０１９年　亥八白土星年盤］

7ハ	3	5
6	8	1
2ア	4	9

［後天定位盤］

4	9	2
3	5	7
8	1	6

【解説】

二〇一九年、本命星は後天定位盤の艮宮に回座し変化線上の衰運にあるため、難しい対応が必要な一年になります。というのも、同じ「土」でも平地に象徴される坤（二黒土星）のエネルギー、万物の生長枯死を司る中宮（五黄土星）のエネルギーに対して、艮宮（八白土星）は「山のような不動の気」が展開している宮とされています。この趣意は、艮の気が展開する宮に回座するにあっては、うかつに行動しないことが肝要であるというものです。このように易の基本解釈は、艮（八白土星）の気エネルギー作用を、日常生活では「足止め」「不要に行動しない」「変化を忌む」こととしています。しかし、易の注釈には、これとは反対に「但し、動くことが不可ということではない。動くことが神（シン）即ち、我欲、我意がなければ、動くことも可である」とあります。ここから気学の先達は、艮宮の気エネルギーを「急変」作用を起こすエネルギーとしてもとらえ、膠着した事態（あるいは凝り固まった気持ち）を急変させる作用を引き起こす気でもあるとしました。つまり、易占では「不動」の兆しを重視していますが、気学では「急変」の作用をも重視しているのです。例えば、艮宮回座の年は、職場や人間関係の状況が思いもかけない方向に変わったり、事業や営業での潮目が変わったりします。また、周囲の環境だけでなく、自分自身の気持ちも、前年の兌宮での緩慢な気の流れに身をおいたため倦怠感を覚え、現状に対する不満や新規さを求めて、方向転換したい気に襲われる年になります。このような艮宮に回座するのが、本命二黒土星の人ということになります。

本来、二黒土星の人の気質としては、粘り強い、着実、堅実などがありますが、衰運期でこれらの気質面が衰え、そのうえ、暗剣殺を帯同していますから、艮宮に同会する本命の気エネルギーの活力が鈍り、判断力、忍耐力などの面で気力が低下する年となるため、周到な対応が難しくなります。この人は月命が一白水星、乾宮傾斜、蔵気が六白金星ですから、人生を柔軟に乗り切っていくことが不器用で、とくに職場での人間関係ではトラブルが多いタイプとなります。ですから急流が続くような艮宮回座の年は、自分にとって不得手な年であることを自覚することがまず必要でしょう。このような年こそ、思いつきに惑わされず、慎重さと忍耐という本命二黒土星のよい特徴を発揮して、コツコツとマイペースで現状を維持することが必須となります。

<事例　その3>

1957年（S32年）5月10日　生まれの人

本命星：酉七赤金星／月命星：巳五黄土星

<2021年の年運>

［2021年　丑六白金星年盤］

5	1	3ハ
4	6	8
9	2	7ア

［後天定位盤］

4	9	2
3	5	7
8	1	6

【解説】

二〇二一年、七赤金星は後天定位盤の乾宮に回座しています。衰運期の入り口で、しかも暗剣殺を帯同していますから、本命星の気は弱まり、その結果、乾宮の気エネルギーはマイナス方向で作用し、運気は衰となります。すでに述べたように、本命の気エネルギーに対する凶神の作用を推し量る場合、盛運期であっても、衰運期であっても、本命星が凶神を帯同している場合は、盛運期、衰運期という運気の流れは変わりませんが、その流れの中で、マイナスの現象を生じやすい、気質の面であれば、短所が出やすいと判断していきます。

但し、運気を判断するということは、実際に人が移動するのではなく、ふたつの盤（年盤と後天定位盤）との同会性、言い換えれば、共時性という関係（シンクロニシティ）の分析ということになりますから、吉凶作用の現象は方位を使って暗剣殺を犯した場合とは異なり、直接的ではなく間接的となります。

星の気エネルギーと、同会する乾宮の象意である、せり合い、喧嘩、横柄などの作用との関係を中心としてみていきます。

例えば、本命七赤金星が暗剣殺を帯同することによって、言葉の鋭さ、割り切りの素早さなどが短所となってしまい、このような七赤金星の負の作用・象意と乾宮の気の象意（援助者、後援者）との関係から、後援者、協力者との間の金銭がらみのトラブルや、無神経な言葉による人間関係の亀裂や仕事の挫折、企画の破綻、あるいは父親、夫との感情的な争いなどが現象しやすくなります。さらに、月命星が五黄土星、兌宮傾斜、蔵気が六白金星ですから、慢心したり、無神経な口のききかたや打算的な行動をとりやすく、些細な点で、負けず嫌いなところがありますから、争い事の原因、ゴタゴタを起こしやすい気質という点を考慮していきます。

この人は今年、乾宮回座の年で衰運期の入り口です。運気の追い風はまだ吹いていますから、行動することに躊躇することはありませんが、自分の気質の短所をふまえておくことが必須になります。

[4] 月運の観方

月運を推断する場合は、

①月盤の本命星が後天定位盤上、年盤上でどの九星と同会しているかを確認し、気の作用・象意を把握すること。

②月運をあたかも年運と同様な内容で解釈するのは誤りです。たしかに、回座する宮がもっている作用・象意は、年の場合でも月の場合でも変わりませんが、年運と月運とで基本的に異なる事は、月運は、回座している時期が非常に短い（単純に言えば、年運の十二分の一）ですから、年運の一年間のゆったりした流れを背景にして、その中で、短期間でも現象しやすい作用・象意の影響を注目することが必要となります。他方、回座する本命星の側も、一ヶ月という短期間であっても作用や影響をうけやすい気質面を取り上げて、その両者の要素の関わりを考慮して月運を推断しなければなりません。ここを踏まえて月運を判断しないと、わずか一ヶ月間の運気が、あたかも一年という長い日数の間で起こる運命であるかのような捉え方をしてしまい、違和感を生じることになります。例えば、本命が一白水星の人が、乾宮に回座した年の運気と乾宮に回座した月の運気が極めて類似してしまい、年運と同じような月運判断になってしまうのです。

以上の二点は、月運推断に必須の事項ですが、ことに、②は核心部分ですから、十分に留意したうえで、月運の推断を進めていくことが必要です。

なお、方位の凶神として、月盤には、相剋と五黄殺、暗剣殺（ア）、月破（ハ）、本命殺、本命的殺の五大凶殺がありますが、運気としては五黄殺、本命殺、本命的殺、相剋はなく、暗剣殺、月破の凶神だけをネガティブな作用として見ます。このように運気と方位とでは異なるのであり、この点が、方位の吉凶と運気の強弱との違いなのです。なお、月盤上の本命星が年盤上の五黄土星に同会する場合には、五黄殺を犯すのではありませんから、大凶ではなく波乱含みということになります。また、月盤独自の吉神として天道（道）、生気（生）があり、方位の場合では吉作用を誘起させる、としますが、後に述べるように月命盤鑑定での吉凶神共在の場合には、独特の評価をしなければなりません（天道と生気については、詳しくは第五章〔完全版〕『気学の真髄』を参照して下さい）。

〔5〕月運事例検討

1　本命星が年盤上の五黄土星と同会する場合の月運

＜事例　その1＞

１９８０年（Ｓ５５年）８月１３日　生まれの人

本命星：申二黒土星／月命星：申五黄土星

＜２０２１年（丑六白金星）４月の月運＞

[辰四月盤]

2	7生	9
1ア	3	5
6	8道	4ハ

[丑六白金星年盤]

5	1	3ハ
4	6	8
9	2	7ア

この人は、本命星が二黒土星の人で、四月は巽宮に回座して年盤では五黄土星と同会し、年盤では坎宮に回座しています。このように五黄土星と同会している月は、本命星の象意や宮位が波乱含みとして現象します。四月は月盤上では盛運期の月ですが、五黄土星と同会しているということ、さらに、今年、この人の本命星は年盤上では坎宮回座で最も運気が弱い年でもあります。このため今月は、良くも悪くも五黄土星の強い変化の作用を受けることになります。この人は月命五黄土星、坤宮傾斜、蔵気が八白土星ですから、気質はとても粘り強いのが特徴です。これまでコツコツと努力を重ねてきた人は、この積み上げてきた信用力によって、今月は良い結果が出る月になります。但し、人間関係の古傷などで問題を抱えていないか、融通がきかず周囲に不協和音をだしていないか、などを一度振り返るとよいでしょう。この点をチェックしておかないと、年運が弱いだけに思わぬトラブルに巻き込まれたり、人間関係で不愉快な思いをする危険性があります。

＜事例　その２＞

１９７０年（Ｓ４５年）５月１０日　生まれの人

本命星：戊三碧木星／月命星：巳二黒土星

＜２０１９年（亥八白土星）９月の月運＞

［酉９月盤］

３ア	８	１生
２ハ	４	６
７道	９	５

［亥八白土星年盤］

７ハ	３	５
６	８	１
２ア	４	９

この人は、本命星が三碧木星の人で九月は巽宮に回座して七赤金星と同会し、今年は離宮に回座しています。今月は暗剣殺という凶神を帯同して巽宮に回り、しかも今年は、歳破を帯同した七赤金星と同会していますから、残念ながら今月の運気は、かなり厳しいものになるでしょう。衰運期の中での巽宮回座の月ですから、フットワークは良い方ですが、気を緩めると本命三碧木星の気質で傾斜星が乾宮、蔵気が七赤金星ですから、外部の変化や刺激に反応して、お金を使いたくなったり、人間関係でゴタゴタに巻き込まれたりします。また、この人の月命が二黒土星ということを考えますと、他方では、自分自身をみつめて、ジックリと事態を見極める気質も持ちあわせているのですから、今月は、結果をシミュレーションしてから、行動を起こすようにしましょう。そうすれば、大きな傷を負うこともなく、今月を過ごすことができるでしょう。

3　本命星が吉神（天道あるいは生気）を帯同する場合の月運

天道とは吉神という非常に強いエネルギーの気が展開する方位、その対冲を生気方といいます。まず天道が三合の法則から導き出され、それに従って、天道方の対冲として生気方も決まります。三合とは木、火、土、金、水の五気のエネルギーが、円形循環のように生→旺→墓の順で永遠に展開している五行論で、旺の気にあたる十二支の月が天道月とされ、天道がついた星のエネルギーは、力が最も強くなります。三合の仕組みについては、『九星の秘密』（105頁 東洋書院刊）で解説していますので、ここでは各月と天道と生気について一覧表にしておきます。

月＼方位	吉　神（エネルギーが極めて強い方位）	
	天道方位	生気方位
寅　２月	南	北
卯　３月	坤	艮
辰　４月	北	南
巳　５月	西	東
午　６月	乾	巽
未　７月	東	西
申　８月	北	南
酉　９月	艮	坤
戌１０月	南	北
亥１１月	東	西
子１２月	巽	乾
丑　１月	西	東

＜事例　その３＞

１９７５年（Ｓ５０年）９月１０日　生まれの人

本命星：卯七赤金星／月命星：酉一白水星

＜２０２０年（子七赤金星）５月の月運＞

[巳５月盤]

4	9	2
3生	5	7道
8	1	6ハ

[子七赤金星年盤]

6	2ハ	4
5	7	9ア
1	3	8

今月は、本命が七赤金星で吉神である天道を帯同して西に回座して、年盤では暗剣殺を帯同している九紫火星と同会しています。一方、今年は七赤金星が中宮に回座していますから、この人にとって、今年が変化、波乱の年であることを前提にして月運の検討を始めます。さて、今月は暗剣殺を帯同した九紫火星に同会しているということは、九紫火星の負の作用・象意が現象するとみます。即ち、迷いやすく、判断が後れてチャンスを見逃したり、「安物買いの銭失い」のような無駄遣いしやすい状況にいますから、この点に注意することです。また、九紫火星の気には、感情的、あるいは、理屈にこだわるという特徴がありますから、言葉遣いが鋭く、割り切りの早い七赤金星の人は、この点もわきまえておくことです。さらに、この人は、月命一白水星、坤宮傾斜、蔵気は四緑木星ですから、傾斜は坤宮（二黒土星）ですが一白水星、四緑木星、七赤金星という類似の九星のグループに属していますので、本命七赤金星の特性を強くすることはあっても、この傾向を変えるほどの強い星はありません。むしろ本命七赤金星の星（気）に収斂する構成になっています。こうしてみると、今年は年盤で暗剣殺つきの九紫火星と同会しており、年の運気は衰運ですから、月盤で天道という強いエネルギーの吉神がついてはいますが、交際面でも、金銭面でも吉凶両面が現象する月と判断します。

第二節　月命盤鑑定　―潜在的ライフスタイルの観方―

［1］月命盤鑑定とは

月命盤鑑定とは、通称「傾斜法」と言われている観方の応用です。傾斜法については、すでに拙著『気学の力』（東洋書院刊）で解説した通りで、月命星を中宮に配置して立盤した際、本命星が回座する方位が、後天定位盤のどの宮と回座、同会しているかを主題とします。そして、その人の気質をみる際に本命星、月命星の象意のほかに、本命星が回座、同会している宮の象意を気質解釈の補足的な手掛かりとする技法です。この傾斜法の盤のままで八宮に展開している九星と、月の吉神（天道、生気）、凶神（暗剣殺、月破）などを考慮して、その人の潜在運（潜在的にもっているライフスタイル）をみる技法です。しかし、生月盤上で回座する本命星の宮意からその人の気質の構成要素の一部をみる技法と、八宮それぞれの象意から生まれつきの潜在的特性（ライフスタイル）をみることとは、本来、目的も手段も違うのですから、ここでは、傾斜法と区別して月命盤鑑定とします。

［2］月命盤鑑定の要諦

1　八宮の象意から読む潜在的ライフスタイル

⑴すでに述べたように、月命盤鑑定とはその人の九星がそれぞれ月命盤上の八宮に同会して、その結果どのような潜在的ライフスタイルをもつことになるかを知ることです。そのために月命盤鑑定の際の手掛かりとする主な象意を次頁に提示しておきます。なお、読み取る際は特殊星が回座している宮に注目し、その他の星については参考程度とします。ここでいう特殊星とは、天道、生気、暗剣殺、月破を帯同する九星と五黄土星のことです。

⑵本命星と月命星が同じという特殊（中宮）傾斜の場合は、月命星を中宮において月命盤を作成し、⑴と同じ要領で特殊星に注目して鑑定をします。

〔月命盤鑑定における八宮の象意〕

［巽宮］ 世間的信用の強弱を見る。特殊星であれば、職種を問わず、何でもこなす。良くも悪くも各界で頭角をあらわす。	［離宮］ 組織内での地位、昇進、名誉運の強弱を見る。特殊星であれば、デスクワーク・製造業は向かない。良くも悪くも世間で注目を集める。	［坤宮］ 職業・家庭・妻のタイプを見る。特殊星であれば、デスクワーク・製造業には向かない。
［震宮］ 才能の有無、頭脳、感性のシャープさを見る。特殊星であれば、企画・学術関係・自営業向き。好き嫌いがハッキリしている。個人プレーに走りやすい。	【中宮】	［兌宮］ 自己の流儀へのこだわりの強弱を見る。特殊星であれば、収集癖、わがまま。自営業向き。よき理解者が必要。個人プレーを好む。マニアタイプ。
［艮宮］ 親族・相続関係の良否を見る。特殊星であれば、苦労、波乱あり。	［坎宮］ 子供、部下関係の良否を見る。特殊星であれば、理屈や理論を好む。マニアタイプ。	［乾宮］ 実業運、出世運、夫のタイプを見る。特殊星であれば、実業家向き。リーダータイプ。

2　月命盤鑑定における吉凶神の作用と評価

(1)潜在運でも、天道、生気を帯同する場合の影響を考慮しますが、すでに述べたように、運気の場合は方位で使う場合と評価に違いがあるということです。即ち、方位では吉神は吉意（気エネルギーを活性化する作用）としますが、生月の月命盤から読み取る潜在運という（生まれつきの）ライフスタイルを推断する場合には、吉意を作用・現象させるという単純なものではなく、強い気エネルギーを孕んでいるとおさえます。このため、帯同する九星の才能やチャンスに恵まれるといった形で現象しますが、場合によっては、アクが強くなったり、度を越して嫌みになったりして、周囲との協調性を失う状況になりやすく、吉神の帯同がかえってマイナスになって現象してしまうケースがあり、運気としては波乱となります。このように、病院、旅行、祐気取り、移転など方位を使う場合には、毎月の月盤上での天道、生気のような吉神、あるいは、五黄殺、暗剣殺、破のような凶神が回座している場合は、吉凶神がそのまま吉凶として作用するために、これを基準として方位や時期を選択できますが、月命盤上での吉凶神は、自分の意思で有無を選択することはできません。しかも、潜在的な宿命運をみる場合、吉神とされる天道、あるいは生気であれば、吉神を帯同している九星の作用・象意が活性化され、結実することになりますが、反面、吉神の強いエネルギーに煽られて不安定、波乱含みになることもあります。ここが方位鑑定と運命鑑定との、更にいえば、運命鑑定の中でも流年運鑑定と宿命運鑑定との大きな相異点なのです。

(2)次に、吉神と凶神が共在する場合の読み取りについて述べておきます。新規の病院、旅行などで使う方位が月盤で吉凶神共在である場合、吉神は気のエネルギーを強くし、凶神は気のエネルギーを不活性化させる作用をしますから、エネルギーのレベルでは拮抗状態ということになります。従って、方位としての吉意は打ち消されてしまい、吉凶作用は現象しません。他方、月命盤鑑定で本命星に吉凶神が共在している場合も、凶神のエネルギーは吉神の活性化を妨げますから、吉凶としての現象はでませんが、方位で使う場合とは異なり、潜在的に拮抗状態が常に継続しますから、波乱、変化として現象することになります。

3　特殊傾斜の場合

特殊傾斜（中宮傾斜）の人の月命盤鑑定については、本命星も月命盤の中宮に入ってしまうため傾斜宮がありません。しかし、あくまでもその人の月命星を中宮に於いて月命盤を作成し、その月の吉凶神をつけて潜在運を推断します。

[3] 事例検討

＜事例　その１＞

吉神、あるいは凶神を帯同している場合

１９９５年（Ｈ７年）１２月２４日生まれの人

本命星：亥五黄土星／月命星：子一白水星

[子一白水星月命盤]

９道	５ハ	７
８	１	３
４	６ア	２生

【解説】

(1) 坎宮には六白金星が回座し暗剣殺がついているので、組織では部下、家庭では子供で苦労がともないます。

(2) 離宮には五黄土星が回座し、頭脳・出世運に月破がついているので、この両面において浮き沈みが多く心身ともエネルギーを消耗します。

(3)五黄土星の人は、対人関係において、生来、押しが強いうえに、巽宮に九紫火星が回座しているため、円満な人間感懐を維持しにくいのですが、これを天道の力で、どこまでコントロールができるかがポイントになります。

(4)乾宮には天道を帯同した二黒土星が回座しており、手堅い援助者や協力者に恵まれます。但し、乾宮の気エネルギーを強くもっているので、そのエネルギーに振り回されて墓穴を掘る危険性があります。

(5)坤宮には七赤金星が回座していますから、この人が男性であれば、口が達者で負けず嫌いのタイプの女性を配偶者とします。

(6)兌宮には三碧木星が回座しており、金銭、趣味、人つき合いで人目をひく派手な生き方になります。この人は世間や仲間うちでの信用、援助の面で助けられますが、会社、官庁、芸能界など、組織内では、落ち着きのない人生をおくる運命をもっています。

以上、箇条書きでまとめましたが、要約しますと、この人は、月命一白水星の考え深さと慎重さをもちつつ、実業面に進出して本命五黄土星の強気の生き方を活かすことで、成功の道を歩むことができます。家庭的には自己中心的で頑固な五黄土星の夫になりやすく、七赤金星の妻の気質を心得ることができれば無難に送れます。しかし、相手を支配したがったり、夫としてのメンツにこだわると、口げんかの絶えない家庭となり、浮気や離婚の危機にさらされることになりやすい宿命的傾向をもっていることがわかります。

<事例　その２>

吉神と凶神ともに帯同している場合

１９７２年（Ｓ４７年）６月２３日　生まれの人

本命星：子一白水星／月命星：午四緑木星

[午四緑木星月命盤]

ア３生	８	１
２	４	６
７	９ハ	５道

【解説】

(1)坎宮には、九紫火星が回座し月破の作用をうけるため、組織では部下、家庭では子供でかなり苦労するか、あるいは波乱気味となります。

(2)巽宮には三碧木星が回座し、生気と暗剣殺という吉凶神が共在しているため、手八丁口八丁で世間を渡りきることができますが、その度が過ぎて、信用を失うという危険性もあわせもつことになります。いずれにしても、世間で注目される、毀誉褒貶の多い立場に立つことになる可能性があります。

(3)乾宮には、五黄土星が回座し天道を帯同しているので、上司運、援助者運は強弱両面をもっており、上司、援助者に助けられたり、逆に扱いの難しい上司に仕えたり、援助者に苦労させられる人生になります。天道という強い気エネルギーによって五黄土星のネガティブな作用は抑えられますが、波乱含みという点では変わりありません。なお、乾宮に五黄土星が回座しているので、この人が女性ならば、配偶者は五黄土星タイプの男性になります。このタイプは自己中心的な夫で、あまり妻のいうことに耳を貸さないのですが、五黄土星にしては穏やかな面をもっている男性です。

(4)離宮には八白土星が回座しているので、自分の努力で手堅く結果を残して、頭角をあらわすタイプです。

(5)坤宮には、一白水星が回座しているので、男性ならば、配偶者は一白水星の気質（神経質、あるいは、穏やかだが、深く考え込むような）女性です。

(6)兌宮には、六白金星が回座しているので、趣味にこだわったり、個性的なセンスをもち、異性関係では積極的、対人関係では押しが強い生き方をします。

この人の月命盤では巽宮に三碧木星が回座し、凶神（暗剣殺）と吉神（生気）とを帯同し、巽宮の対冲になる乾宮には五黄土星が回座しています。しかも五黄土星は吉神（天道）を帯同しています。すでに述べたように、方位ではなく潜在運を推断する月命盤鑑定においては、吉神、凶神共在の場合は、その星の気エネルギーが強く作用・現象するのですが、ケースによっては強い気エネルギーをもてあましたり、それに振り回されます。つまり、本命一白水星の受け身的な気質とライフスタイルではあっても、すべてを受け入れ、受け流す気質が、月命星の四緑木星の優柔不断さと重なれば、自分を生かし切れない、お人好しの人生をおくる可能性の高い人になります。

＜事例　その３＞

特殊（中宮）傾斜の場合

１９９７年（Ｈ９年）４月２０日 生まれの人

本命星：丑三碧木星／月命星：辰三碧木星

［辰三碧木星月命盤］

2	7生	9
1ア	3	5
6	8道	4ハ

【解説】

(1)坎宮に八白土星が回座しており、吉神の天道を帯同していますから、部下、子供との関係は安定したものになります。但し三碧木星の支配率が大きいか、四緑木星の支配率が大きいかによって、かなり変わります。三碧木星が大きいと帯同している吉神によって気エネルギーは強くなるので、部下、あるいは子供との関係は不安定になります。

⑵離宮には七赤金星が回座しており、吉神の生気を帯同していますから、組織内でも目を引く立場に立つ可能性が多いにあります。但し、七赤金星の気は、鋭い刃物のように、妖艶な切れ味をもっていますから、このような兌宮の特徴を自覚していないと出世のチャンスを逃します。

⑶艮宮に六白金星が回座しており、対冲となる坤宮に九紫火星が回座しています。このため凶神はついていませんが、家庭、相続、親族関係は、良くも悪くもピリピリとした緊張気味、あるいは、種々変化の多い形態になります。

⑷坤宮に九紫火星が回座し、本命星が感情的な気質を多分に持つ三碧木星ですから、ひとつの職場に安定しない傾向があり、波乱含みの道を覚悟しておかなければならないでしょう。思いつきなどで方針を変更したり、転職したりしないことが大切です。なお、男性であれば、九紫火星の気質をもつ女性を配偶者にします。

⑸震宮に一白水星が回座し、凶神の暗剣殺を帯同していますから、才能面で考え深さ、柔軟性という持ち前の特質が強く出る、あるいはうまく発揮できないなど不安定になります。

⑹兌宮には激変、強力な気エネルギーをもつ五黄土星が、回座しています。兌宮が五黄土星ということは、この人の私生活は浪費的、派手な生活になりやすいか、あるいは、非常に個性的なタイプの生き方になり、そのために毀誉褒貶が多く、周囲の人や世間の注目を集める人生を送ります。また、金銭のトラブルや趣味に深入りしたり、異性関係が派手になりがちで、そのため、人生では浮き沈みが多くなります。

⑺乾宮には月破を帯同した四緑木星が回座しています。援助者があてにならなかったり、逆に頼られることになったりと、助け船が乏しいだけ苦労の多い人生を送る可能性があります。この人が女性の場合は、四

緑木星タイプの穏やかな人が配偶者になりますが、しかし芯は強いタイプの男性です。

以上、箇条書きでまとめましたが、要約しますと、この人は特殊傾斜をもって生まれてきていますから、波乱気味の人生を送るケースです。さらに、離宮と坎宮に天道、生気という強力な気エネルギーを供給してくれる吉神もあり、この強い気エネルギーに振り回されると、帯同しているのが吉神といっても、出世や名誉、あるいは自分の部下、子供などの問題で翻弄されて、この方面の運気をつかむチャンスを逃してしまいます。また、震宮には、暗剣殺を帯同した一白水星、兌宮には五黄土星がそれぞれ回座していますから、時によっては、世間の常識の枠におさまらない才を発揮し、それで人生を歩んでいくことになったり、非常に個性的でクセのあるライフスタイルを送る、あるいは、浮き沈みの大きい人生を送る宿命的傾向をもっていることがわかります。

ここまで「運命の観方」として、年運、月運、生まれつきの潜在運の観方について紹介してきました。人間は潜在運を軸にして、年ごと、月ごとの運気に対応することによって、運命を形成して行くものなのです。各人の本命星の気質を軽くみて、回座する九宮の気の作用・象意に偏っては正しい鑑定はできません。そうではなくて「同会する」本命の気と同会される宮の気との緊張関係のうえに運気が成り立っているのであり、その積み重ねが運命である、ということを常に心において推断することが、運命の観方なのです。

第三章　家相の観方

＝水気・火気から観る家相＝

第一節　家相鑑定のポイント

[1] 家相鑑定のポイント

①家（マンションのような集合住宅も含めて）は人間にとって、「気の器」です。

②人間は生命力（気というエネルギー）によって生きているのであり、気学では、それを「太極」と表現したり、あるいはその人のエネルギーを支えている場、寝食を繰り返す自宅を「気のエネルギーを保護・維持する場としての太極」という言い方をします。

③従って、良い家相の目標は、気の基礎である後天定位盤どおりの家（器）を実現し、そこに住むこと、となります。実際には、人間が住みながら「生々たるエネルギーとしての気」をできるだけ損なわないような器にするのが良い家相の目標なのです。

④但し、人間の本命星がもつ活力を守る器としての家相の場合、皮肉なことに、人が生きていくということは、「太極」となる住居で、寝食をすることによって炊事や入浴、洗面、トイレなどを使用しつつ、つまり「住居の中の気＝生々たる太極の気」を汚しつつ生きていく皮肉な現実を伴うということでもあります。具体的には煮炊きの汚水、熱気、入浴、トイレの汚水から排出される汚濁の気など、いずれも私たちの英気（生命の気力）を削ぐ気として作用するのです。ということは、太極がもつ「英気」を養い、汚濁の気の作用

をできるだけ少なくさせて住まうには、どのような間取りがいいか、と言うのが重要な問題であるということなのです。

⑤つまり、三備自体に吉相というのはなく、三備の汚濁の器をどこまで減少させる間取りにさせることができるか、と言う問題なのであり、厳密にいえば、間取りに吉相の間取りというものは、適度な張りであれば、それは吉相といえるのであり、ここに器としての家と人間との難しい問題があるのです。

【深く識る】

後天定位盤の中央に位置しているのが五黄土星であり、そこに住む人をすべて覆いながら、同時にその器の中心でもあるところから、気学家相では、「器」を「太極」ともよんでいます。本来は、この太極（五黄土星）を中心として、後天定位盤の八方位に易卦と九星五行が配置されており、このことは、八卦の中心である太極（五黄土星）によって、八方位には森羅万象を生み出す「気のエネルギー」が漲っており、この状態を示しているのが後天定位盤なのです。このように、ひとりひとりの人間を支えている活力、気力、エネルギー、であり、家はこれらを維持する場・器のことです。日常、しばしば「気持ちをしっかりもつ」と言われるように、生きている証（あかし）は、「気を持つ」ということなのです。要するに、この「気」は、人間をささえているエネルギーであり、その人間の気を維持する場が住居であるために、人間を太極と表現したり、その人の住居を太極というのです。ですから、気学では移転によって方位の原点が移転先に移ることを「太極が移る」と言うのです。

［2］家相に対する批判に答える

ここで論ずる家相理論は、「鬼門を恐れず、何を設置してもよい」とか、「両大気中和圏」と称して、「何を設置してもよいエリアが、計八カ所、各10度ずつある」など、およそ気学鑑定を行う者には理解できないような論ではありません。勿論、三備の取り扱いについていえば、伝統的な従来の家相論と大きな違いはありません。但し、従来の家相論では吉凶の判断根拠が気学の論理に基づくというよりも、常識的健康論や象意との摺り合わせであるのに対して、私の家相論では気学の基本である気の論理と後天定位盤に基づいて明らかにしているところが特徴であり、ここが、従来の家相論と根本的に異なる点なのです。従来の家相論によれば、台所の方位は陽当たりの良し悪し、寒暖、湿度などによって食べ物が腐敗しやすいかどうかという環境論になってしまい、それらと陰陽五行説とを安易に絡ませたものが、家相論の基本になってしまっているのです。この結果、家相論で凶とされた間取りの配置などは、例えば建築材や設計技法の改善、最新の電気機器を利用することによって改善でき、これら建築技術の進歩によって、常識環境論による家相判断の吉凶が通用しなくなる場合が生じてきているのです。それによって、従来の家相鑑定は「迷信」として建築家から批判され、あっさり論破されているのが実情なのです。例えば、西向きの台所は西陽が強くなるために、食物が腐敗しやすいから凶、「北の台所」は、水を扱う台所は、冷えて女性の身体を損なうという理由から「凶」とされています。しかし、このような問題はエアコンや冷凍保存、あるいは給湯器や床暖房の出現で、「凶」とされる環境要因は解消され、従来の家相論が「凶」と断定する理由がなくなってしまったのです。あるいは「この方位を吉とするのは、日当たりがよく、水分の乾燥が速やかだからであって、家相に頼らず合理的に説明がつく」というのですが、では、東や巽の方位に大きなビルができて、一日中日陰になってしまったら、今度は水分の乾燥が悪くなるので、凶になってしまうことになり、このように環境論による説明は、文字通り環境に左右され、建築後も吉凶が変わってしまうのです。

このような、常識的な家相論は別として、従来の家相論の鑑定根拠のひとつとして、家相における「相生」を重視しているものもあります。例えば、「東や巽の台所は可」とする論拠で、最も一般的なのが「東、巽は陽当たりがよく、水気が適度に乾燥されるから不要な湿気がないので可」というような、漠然とした常識論が多いといえます。もう少し論理的な家相論では、水気を扱う台所と木気とは「水生木」の相生であるから、というものである。しかし、台所で問題となる水気とは、食材や食べ残しのついた食器を洗った汚れた水気をともなうものであり、従って、相生論で、台所を「可」と解釈するのは、理屈が通らないと言わざるを得ないのです。

ではなぜこのようなことになるのか、その原因はというと、常に環境を汚しながら住む人間の住まいの構造を論ずるという、家相論の特殊性を見落として、単純に五行の相生論の考えを適用しているからに他なりません。すなわち「相手を生む」「エネルギーを与える」「援助する」などのように、五行の一般的な相生相剋論を適用して解釈しているところに原因があるのです。つまり後天定位盤での東や巽の気は木気ですが、台所は濁った気の水気と火気を排出する場なのです。従って、相生を五行の一般論で解釈すれば「水生木」で、濁気の水気が木気によって弱められますが、同時に「木生火」で濁気の火気が木気によってさらにエネルギーを得る、ということになり、このように「水生木」「木生火」の論理に基づいたり、「東や巽は陽あたりがよく、水を扱うのに適している」という家相鑑定とは矛盾してしまうのです。とくに気学家相でありながら「東は陽が当たりがよく、水気が適度に乾燥されるから可」などという常識的な判断をして、「では、もし東側の隣地にビルが建って、陽が全く当たらなくなったら、東の台所は凶になるのか？」という質問に答えられず、家相鑑定の信用と信頼性を失ってしまうのです。

実は、ここには「相生」についての家相独特の解釈があるということを知らなければなりません。即ち、家相において「相生」の意味は、五行説で論じられているような「清濁を問わない」気ではない、ということなのです。

つまり、相生＝「生む」「エネルギーを与える」「援助する」という単純な意味にとどまるのではなく、気学家相において「相生」とは「汚濁の気エネルギーを抑える」という作用をも含まれるということなのです。例えば、東の台所の場合、後天定位盤の東は常に清浄な木気が生み出される方位であるから、その結果、台所から発生する汚濁の水気は清浄な木気と相交わり「弱化」されるのであり、「相生」とは、この意味にほかならないのです。このようして汚濁の気エネルギーは極端にいえば無化されるのであり、その結果、「東や巽の台所は可」となるのです。

このように家相における気の考え方は独自のものがあって、家相の基準となるものは後天定位盤の清浄な気と人間が生活することによって排出される汚濁の気との関係なのです。従って、「水生木」の相生といっても、あるいは「木生火」の相生といっても、後天定位盤の清浄な気が、濁気の水気を増加させたり、勢いづけたりするわけではなく、逆に清浄な木の気を生み出し、汚れた水気、火気を弱化、あるいは無化していくのです。だからこそ、清浄な木気が生まれる東、巽方位に位置する台所は「可」されるのです。このように、家相を正しく理解するには、後天定位盤の意義をどのように理解するかということにかかっているのです。

私達が、通常、「相生・相剋の論」として理解し活用しているのは、気の清濁には関係ないという前提で論じているのです。ここを見落とすと家相論は、正しい鑑定ができなくなるのであり、気学の立場から家相の吉凶を論ずる者は、このことを充分に理解しておかなければならないのです。

以下、ここでは気学、即ち気の思想による家相論、とくに水気と火気を中心とする家相論を展開していきます。

第二節　家相鑑定の基礎知識

［1］家相盤（二十四山盤）の仕組み

家相鑑定は、八等分方位でも可能ですが、細かい外郭の出入りや、間取りの良し悪しまで鑑定する必要がありますから、八方位をさらに三等分した二十四山盤を用います（図―1、図―2参照）。

まず、家相盤の基準方位を決めるために、家の中心（宅心）を求め、この宅心と磁北とを結ぶ線を基準として45度等分の八方位の線を引き、さらに各45度の中を十干、十二支、易卦の名称を組み合わせて三等分します。これによって、四正線と四隅線も面のない「線」ではなく、それぞれ15度ずつの範囲（エリア＝領域）で判断することができます。

（以下、ここでは、四正の東西南北はそのまま表記し、四隅は北東を艮、東南を巽、南西を坤、西北を乾と表記します）

【図—1】

方位盤

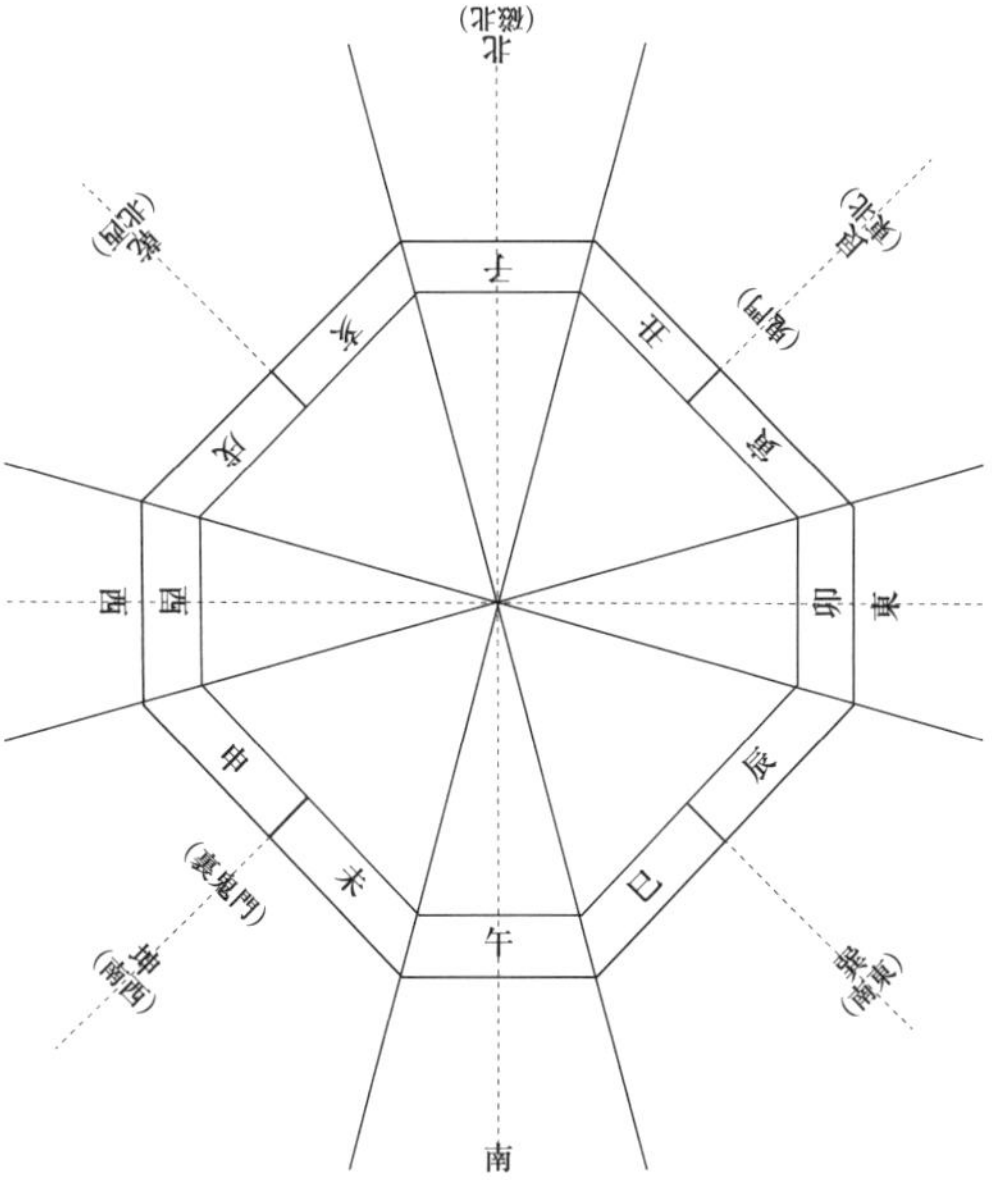

【図—2】

家相盤

［2］宅心（住まい・家の中心）の求め方

家相鑑定は「間取り」「外郭」「敷地内の建物類」が対象になります。これらは、いずれも後天定位盤の方位に従った気の影響を居住する人間に与えます。

間取りや家相の良し悪しを方位で判断するには、方位の原点、つまり家（間取り）の中心がわからなければなりません。

宅心の求め方には、図面法と重心法の二通りがあります。

1　図面法

⑴一体法：建物の形を【図—3】【図—4】のように、輪郭の凹凸が多くない場合には、凹凸があっても、四隅を線で結んで仮の長方形にし、その外郭の四点を結んだとき交差する点を宅心とする方法。外部の出入り（凹凸）が1／3以内か、あるいは複雑に入り組んでいる場合に適用する。

【図—3】

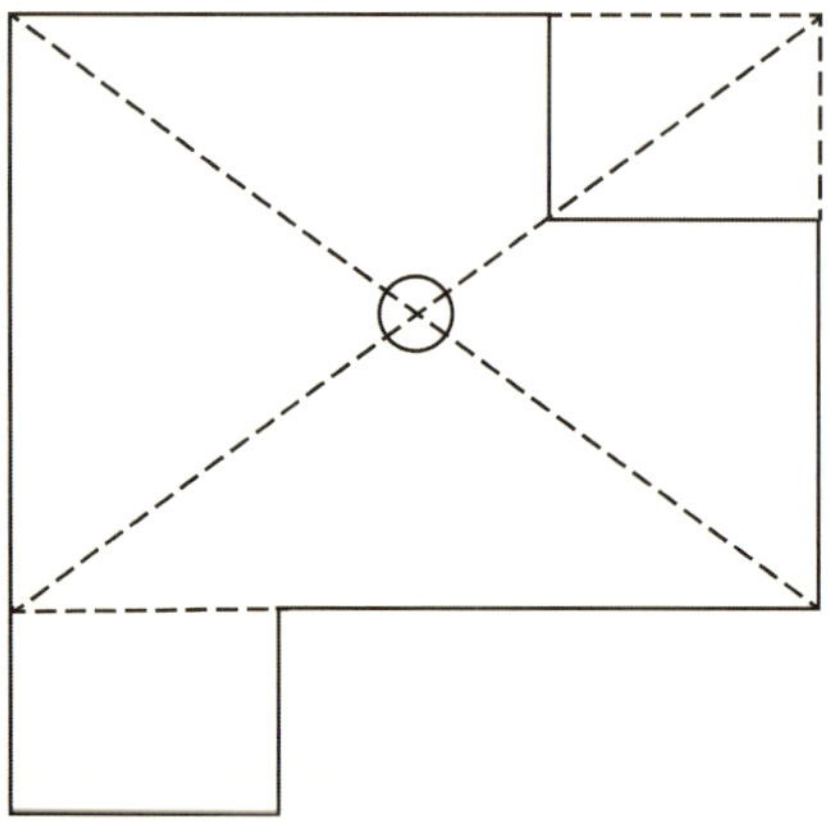

【図—4】

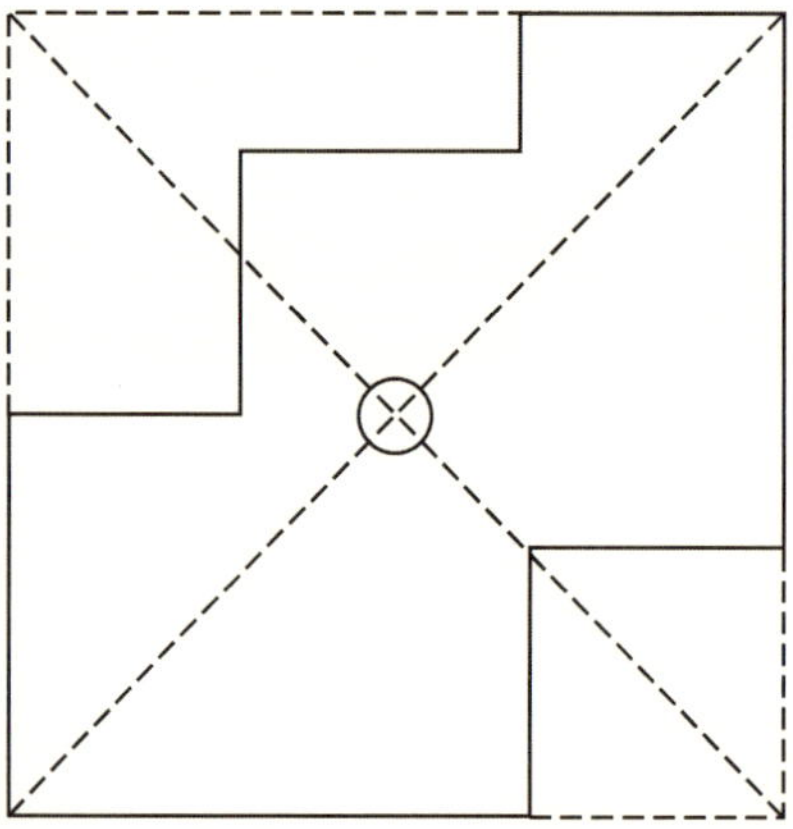

⑵分割法：建物の形を【図―5】のように全体を凹凸が組合わされた形状をみなして、一つ一つの矩形に分割し、それぞれの中心を最後に繋いで、その交点を宅心とする方法で、凹凸の大小の差が大きい場合に使います。

【図―5】

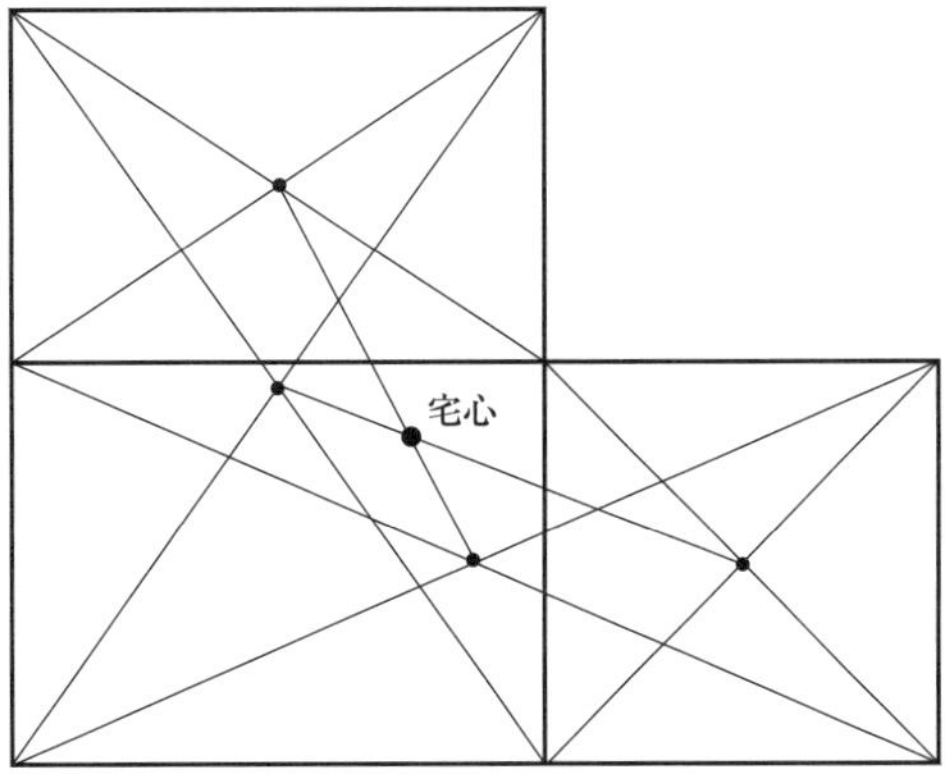

2　重心法

図面の外郭が復雑な場合は、厚紙を建物の外郭にそって切り取ります。次に、糸を通した針を用意し、中心と思われる位置に針をさして、厚紙をつるし、下げた厚紙がほぼバランスがとれて水平になるまで、針の位置を少しずつ移動させていきます。水平になったときの、針の位置が建物の中心（宅心）となります。

［3］宅心エリアの求め方

宅心は住まいを支配する気の太極（軸＝支え）となるところですから、その周辺には、太極の気の活力を損なうような火気や水気を扱うような間取りではないことが、望ましいということです。この宅心エリアは【図―6】のようにして求めます。

長方形の家の場合、短い辺を基準の長さとして、これを三等分します。次に、宅心を中心として、三等分した長さを一辺とする正方形を描きます。その正方形の領域が、宅心のエリアとなります。

※宅心の領域には上記のほかに「宅心から直径2mの円範囲」という見解もありますが、ここでは左図のエリア法を採用します。

【図―6】

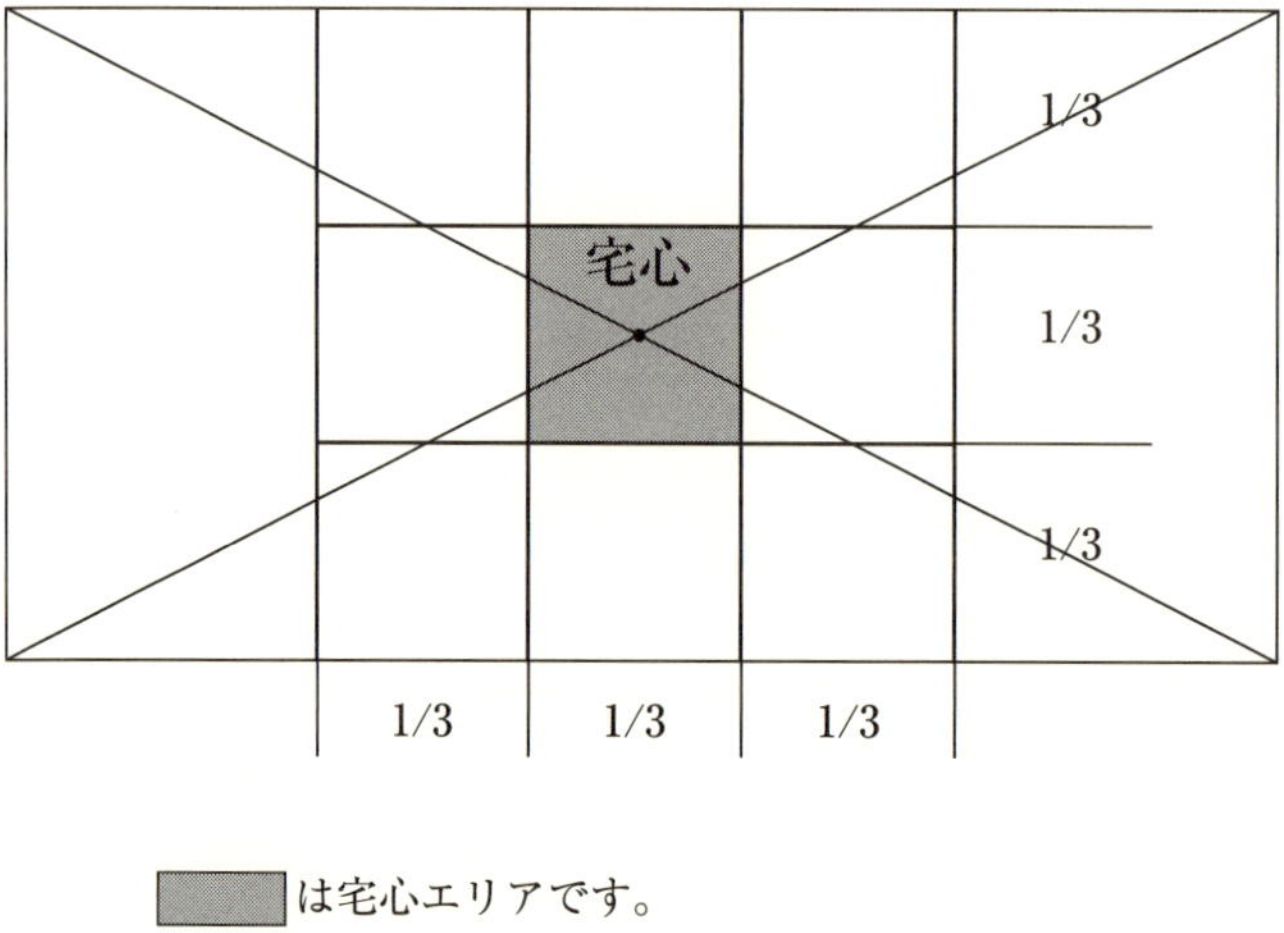

［4］方位線の引き方

【図—7】

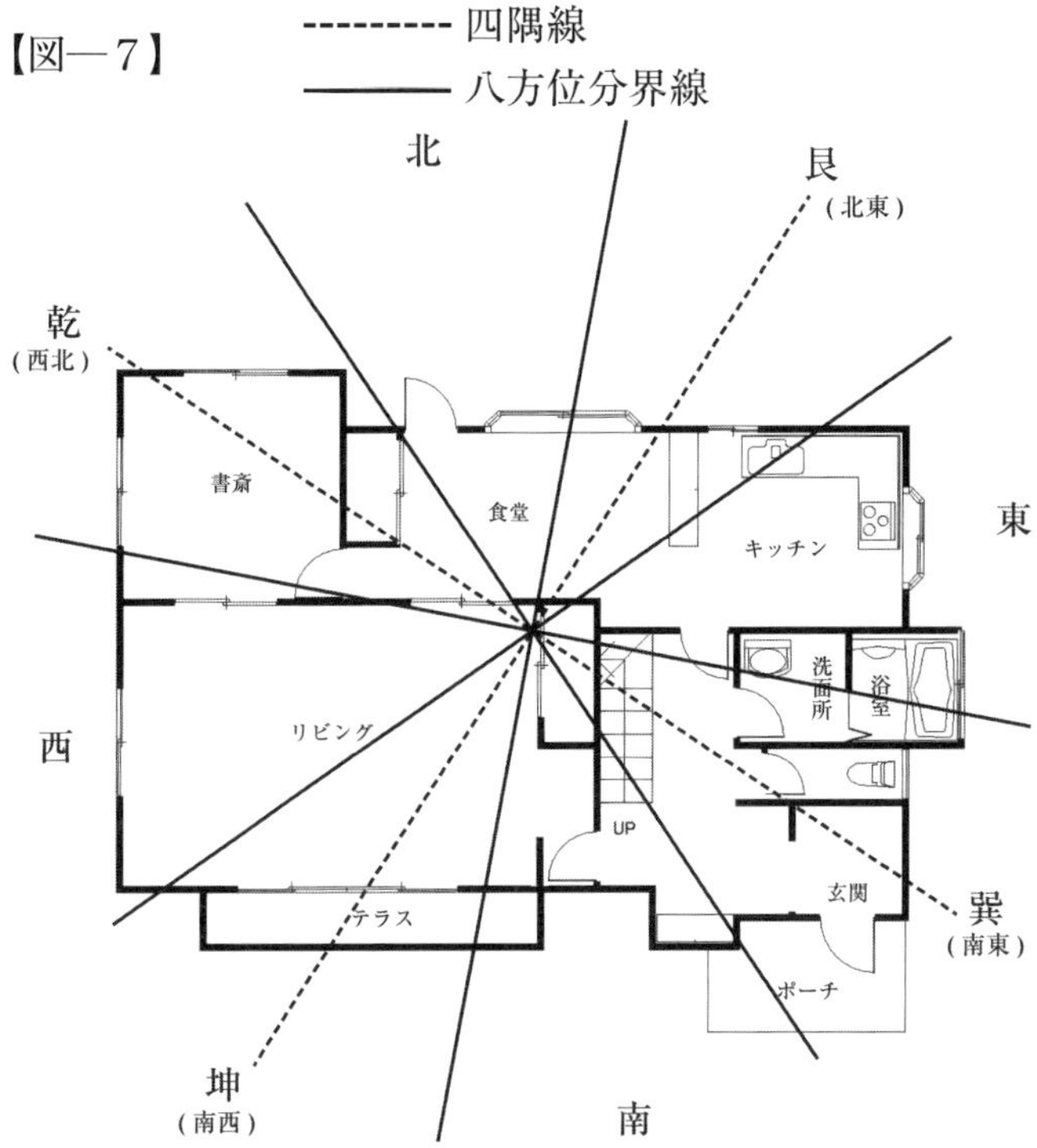

家の中心（宅心）を求めたら、設計図に記入してある北が、真北か磁北かを確認し、真北であれば（業者の設計図は大半が真北です）、関東地方の場合は西へ七度回転させて、宅心から磁北線をひき、この磁北線を基準に家相盤を使って八方位の線を引きます。一般的には【図—7】のように、四正の真ん中の線を八方位分界線とよび、四隅の真ん中の線を四隅線とよびます。また、家相は面であり、従ってエリア（領域）で論じています。

　二十四山法であれば、大きくは8エリア、細かくは8エリア各15度ずつ三分割の24エリアに区分されます。

第三節　家相鑑定の実際例

［1］外郭—家の外側—の吉凶（張りと欠けの問題）

外郭とはいわゆる建物の基礎になる土台の輪郭のことで、戸建てで住居専用の場合は、地中からセメントでつくられる基礎部分のことです。また、マンションなど集合住宅でしたら、契約しているすべての間取りの外側の形です。その「張り」と「欠け」とは、【図—8】のように、「一辺の全体の長さの1／3以内」の凸部分があれば、運気を向上させる「張り」ということになり、住む人全員にとって良い形とします（当然、これによって生じるくぼみ（凹）は、「欠け」とはみませんから悪い形とはなりません）。

但し、【図—9】のように、一辺全体の長さの1／3以上の凸部分（張り）は大張りとされ、このような間取りの集合住宅や戸建てに住むことは、住人の気のバランスが崩されてしまいますので、良くない形となります（従って、これによって相対的に生じる凹部分は、「欠け」となり、これもまた凶相となり、同時にふたつの方位の凶相を生むことになってしまいます。図—10も同様です）。

【図—8】

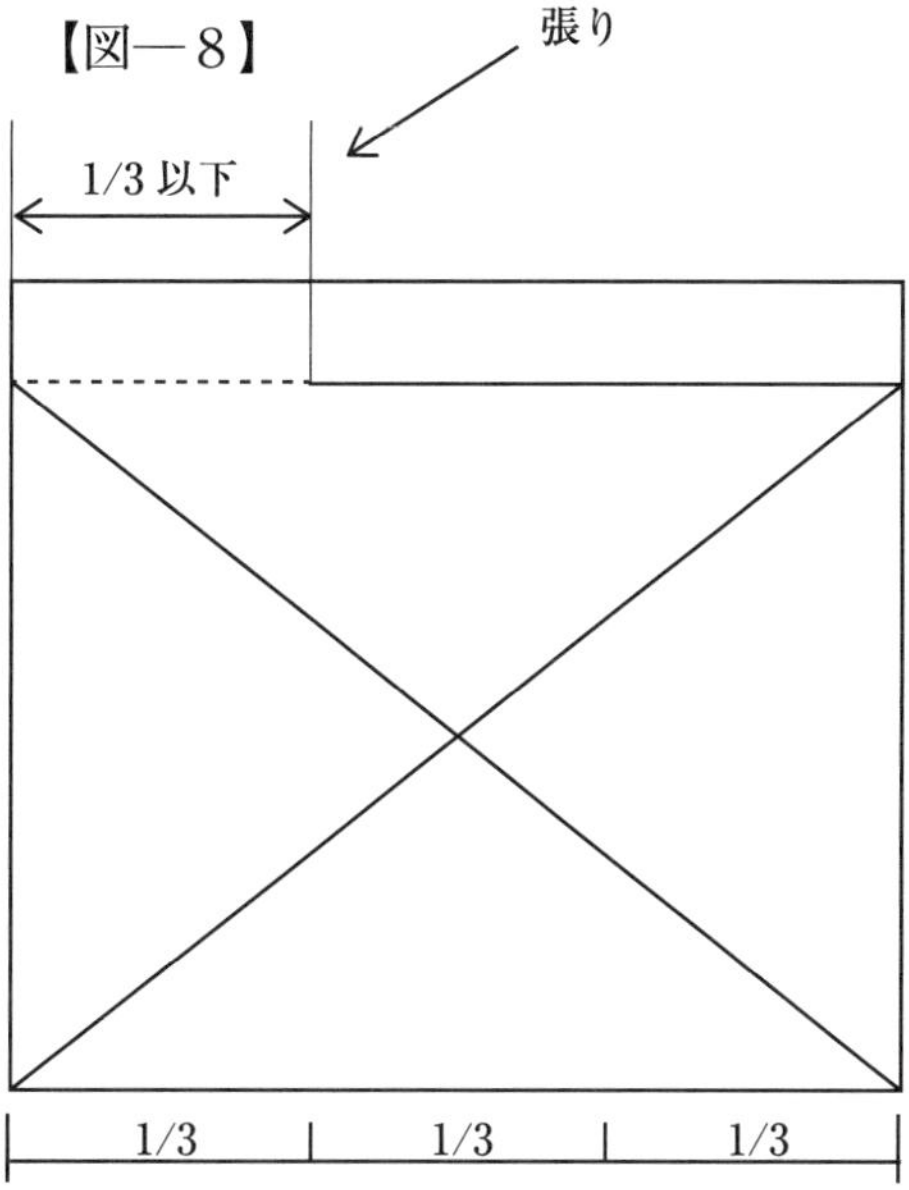

【図—9】

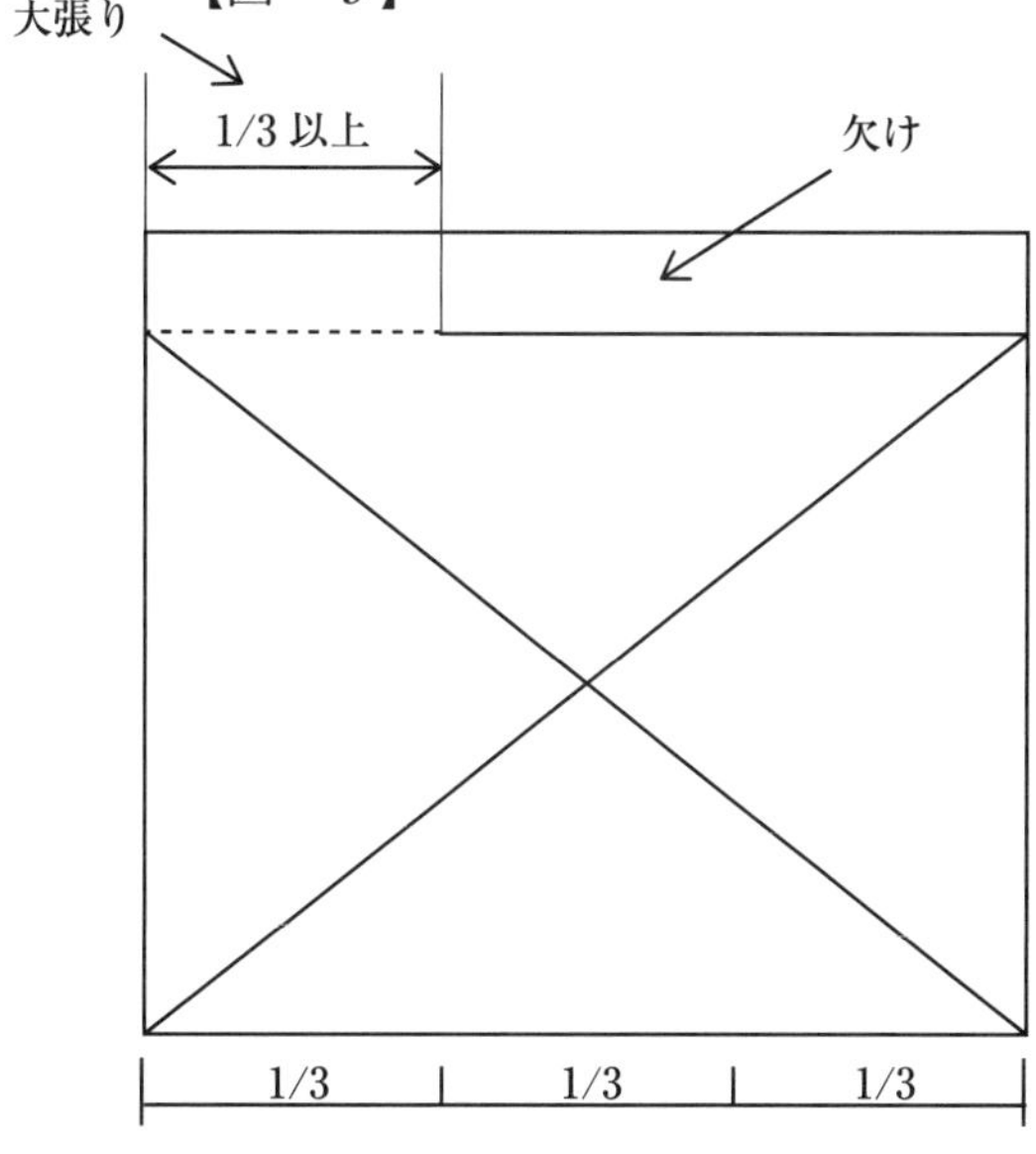

【図—10】

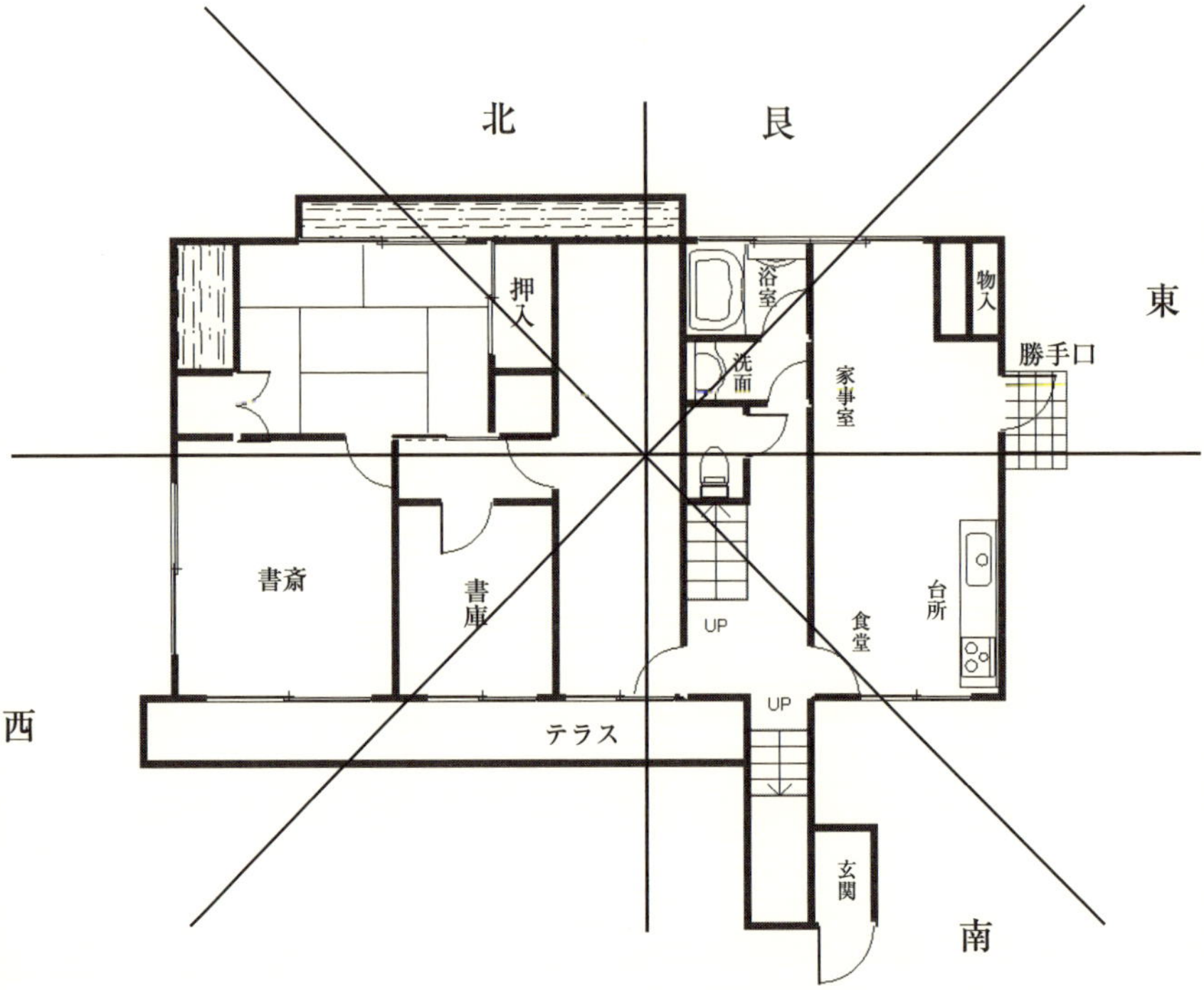

＊南の大張り（張り過ぎ）の例：南の玄関とホール部が大張りとなっている。

［2］間取りの配置の吉凶

1　間取りの吉凶の判断ポイント

間取りの吉凶の判断にも、宅心からの二十四山方位を使います。二十四山方位を使いますと八方位のエリアを三分割でき、細かい間取りにも面として対応できること、また、間取りは人が長年にわたって寝食をするのですから、気の流れが強い正中エリアを明確にできるために有効なのです。

ここで「四正線を中心とした15度の範囲」というのは、東西南北各45度の中心の正中線の左右7.5度の範囲であり、「この範囲にかかる」とは、間取りの１／２以上かかることをいいます。

(1)三備（トイレ、浴室、台所）・階段・玄関の位置の注意ポイント

三備とは、人間が清潔に生活していくために、必須の間取りを言い、トイレ・浴室・台所をさします。この「三備」は雑排水・汚水を出す場所ですから、とくに流れている気が強い艮（鬼門）エリアの45度の領域は避ける必要があります。また宅心エリアも避けることが望ましいといえます。以下、【図—11】【図—12】【図—13】【図—14】では問題点のある家相図を、【図—15】では部分的な修正を、【図—16】から【図—17】は全体的な修正を解説していきます。

(2)問題点の指摘

北の正中エリアに便座がかかる

【図—11】

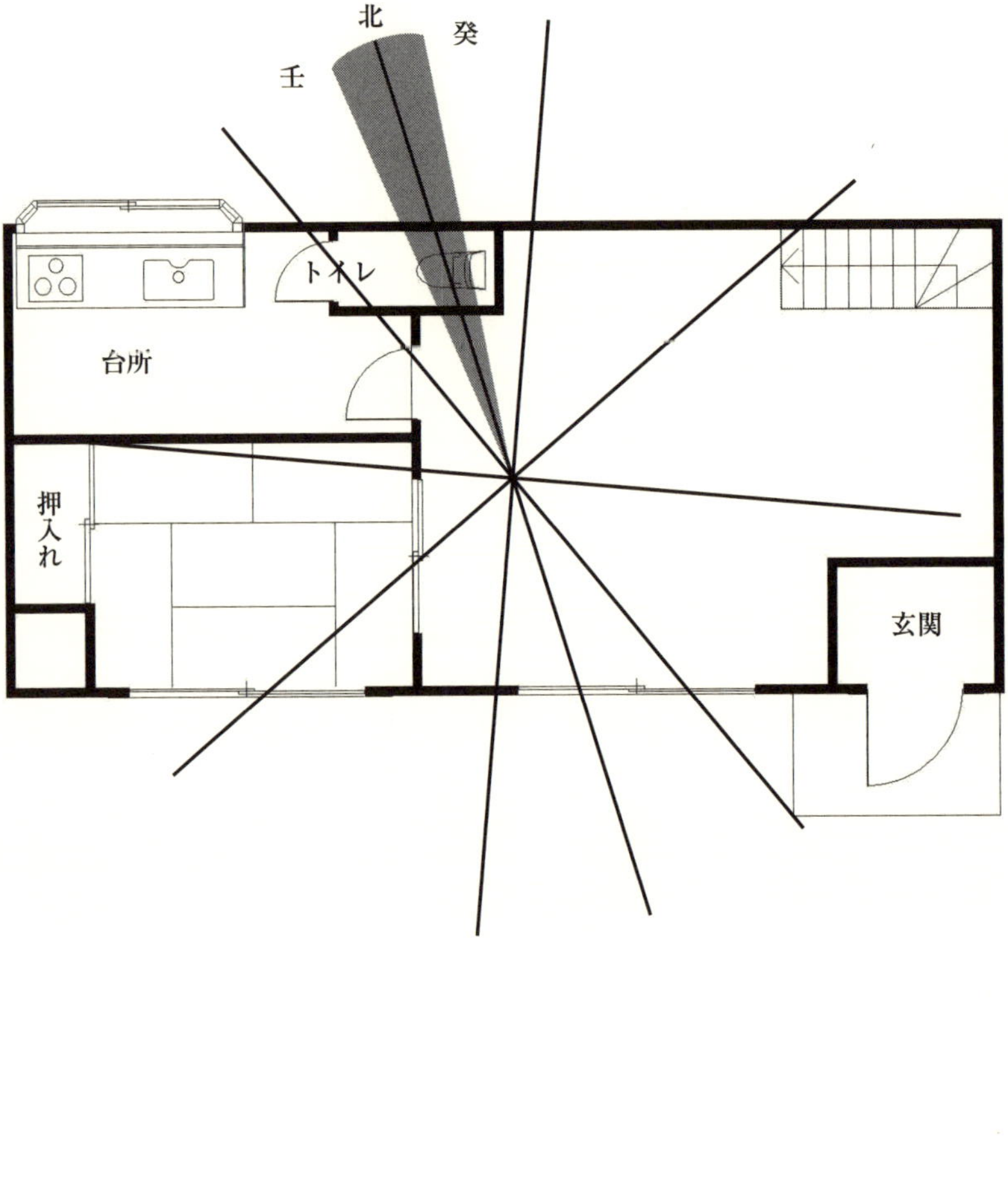

①艮の欠け　②艮のトイレ

【図—12】

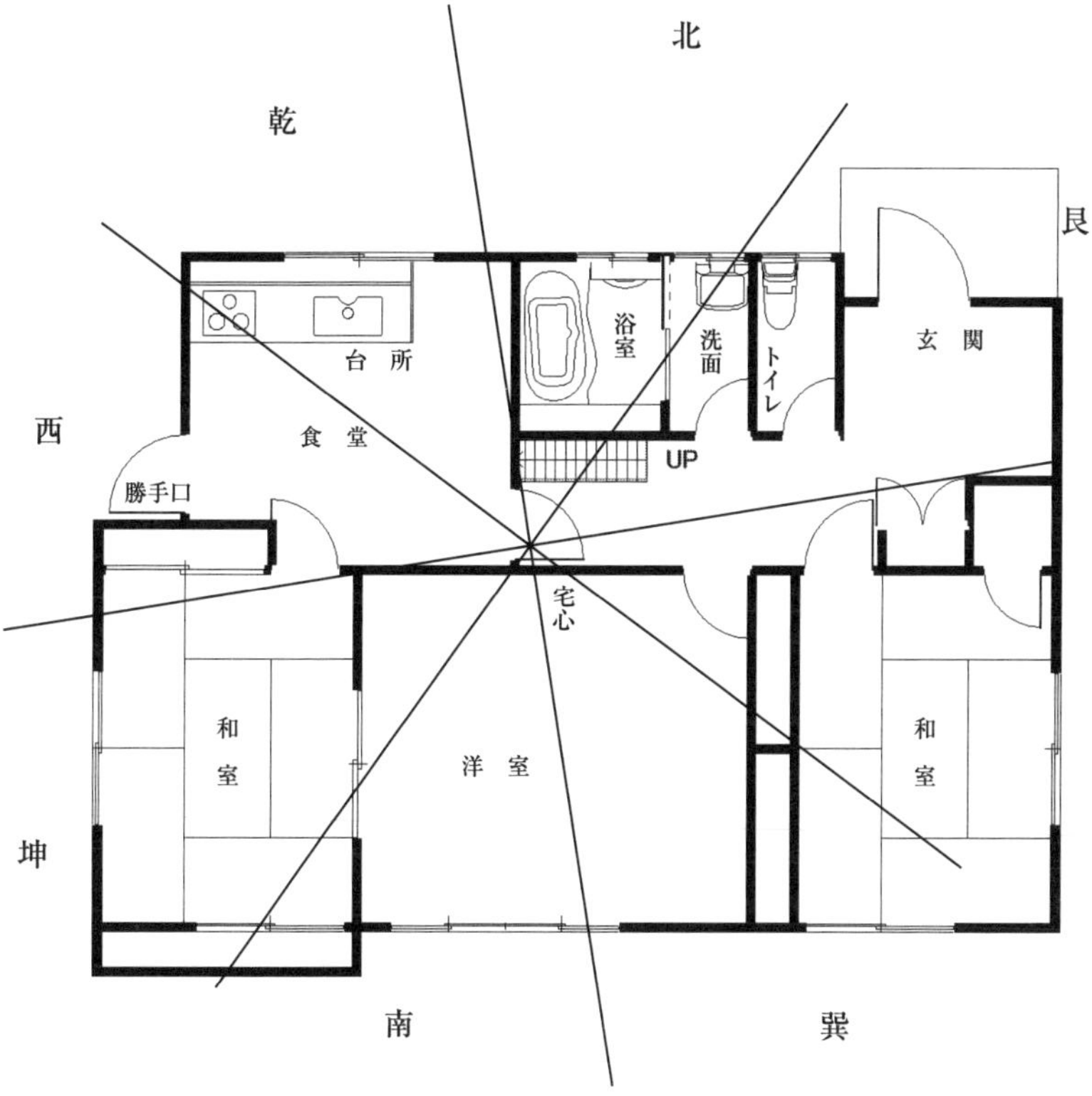

【図―13】

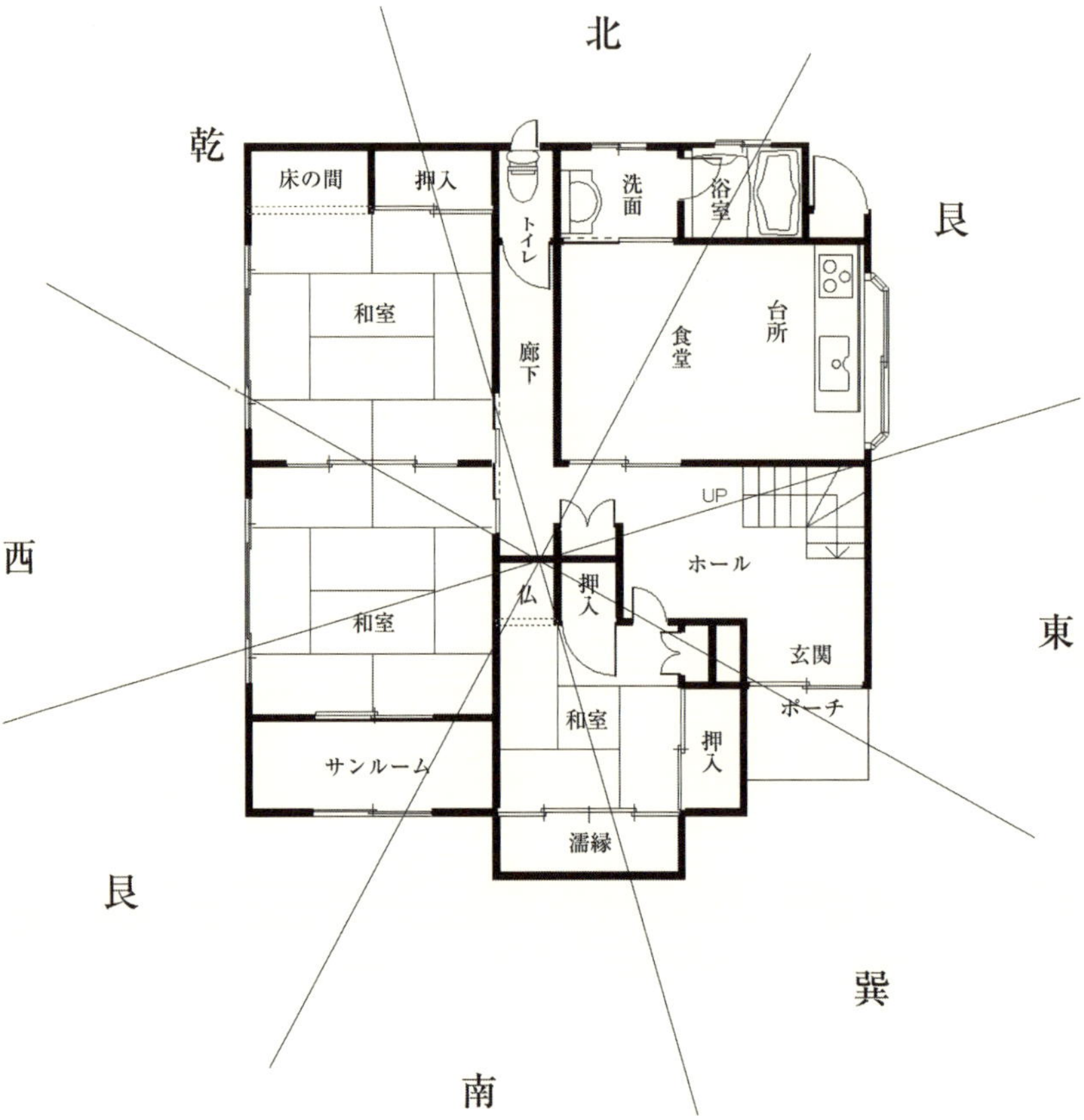

①艮の欠け　②巽の欠け（東の大張り）③艮の浴室　④艮の台所

①乾の欠け（玄関）　②北のバスタブ　③艮の台所・洗面所の一部　④宅心のシンク

【図—14】

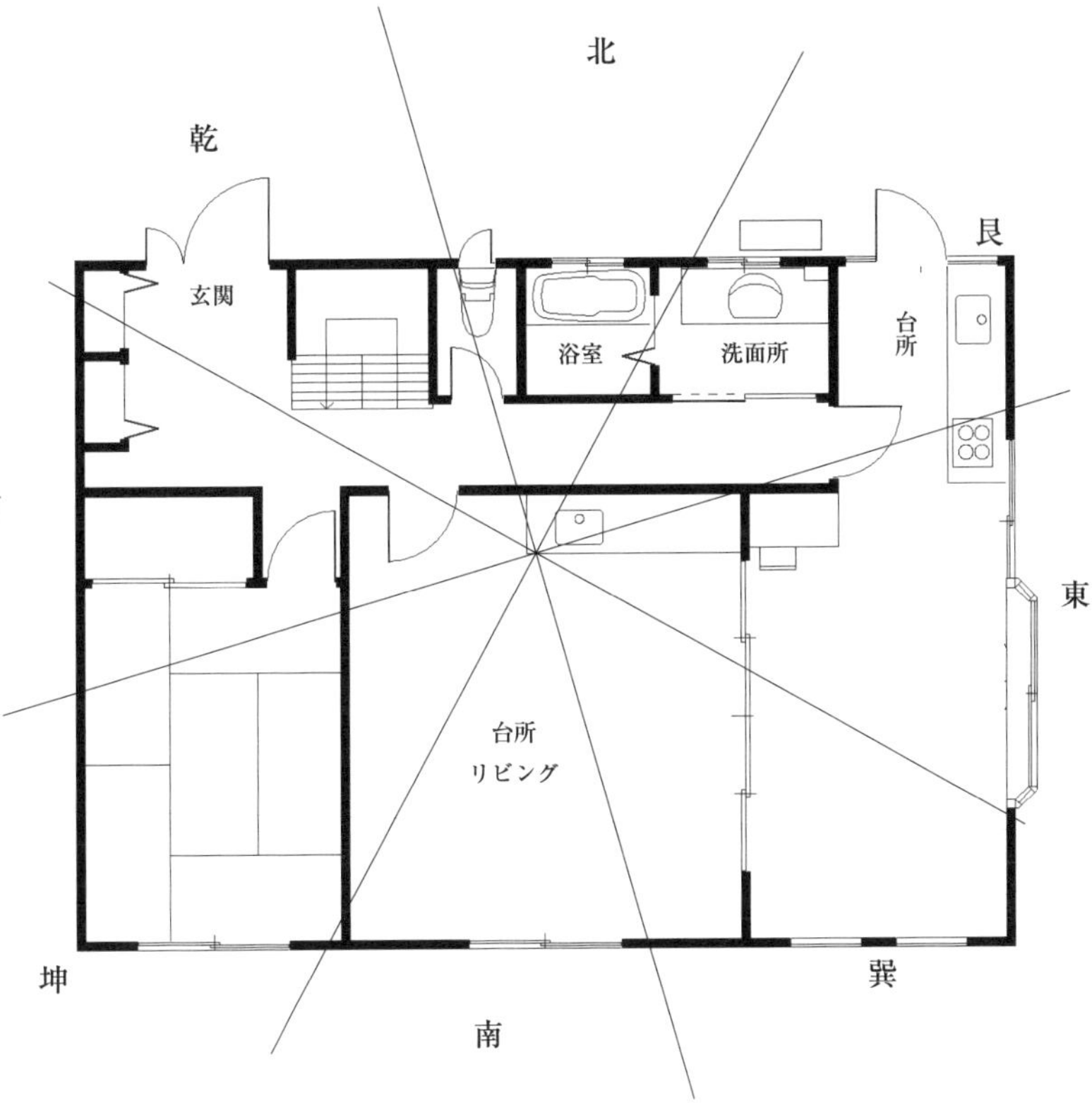

(3)部分的修正

〈問題点〉

艮のエリアにトイレがある。

【図—15】A

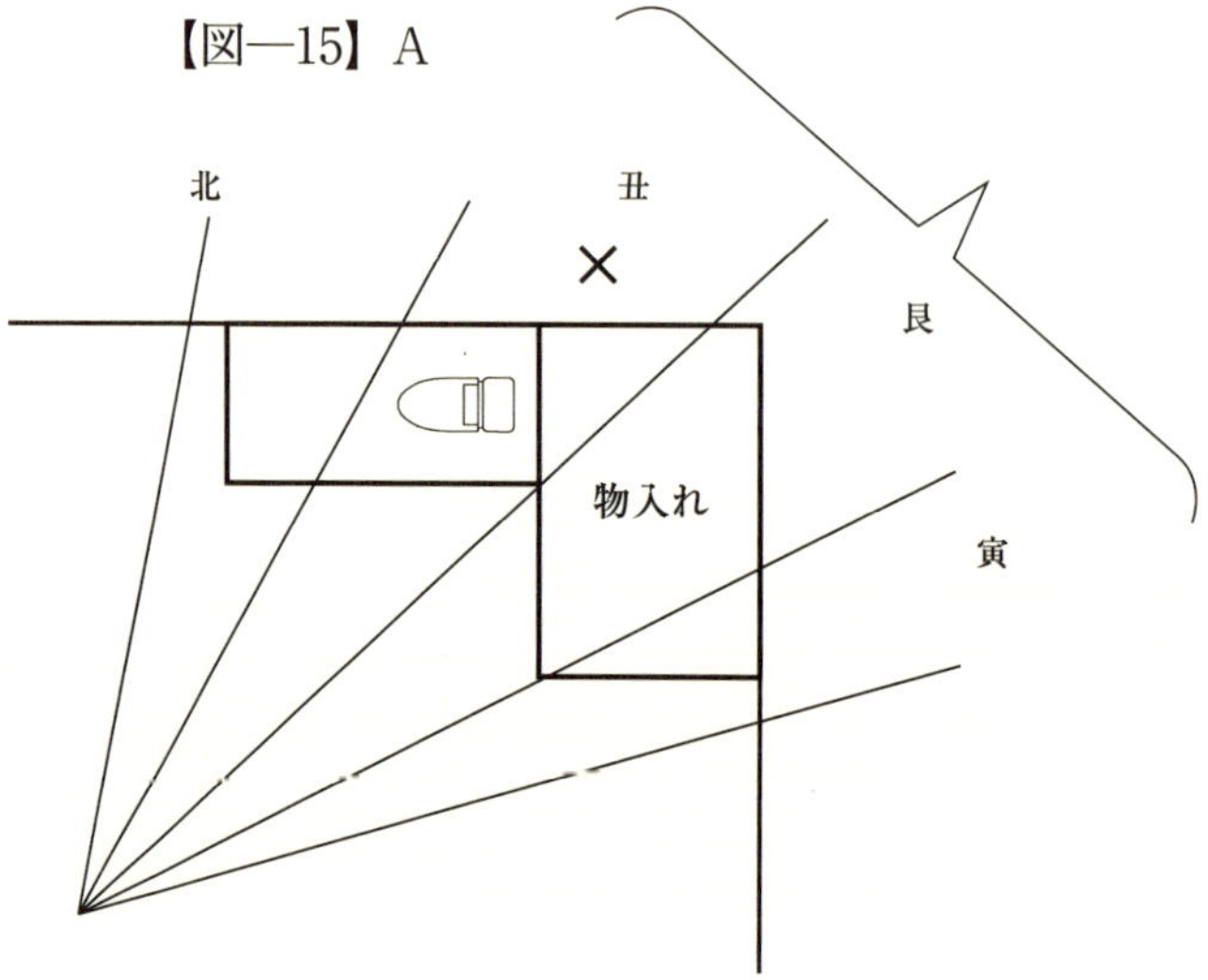

〈修正〉

便座の向きを変えて艮エリアを抜ける。

【図—15】B

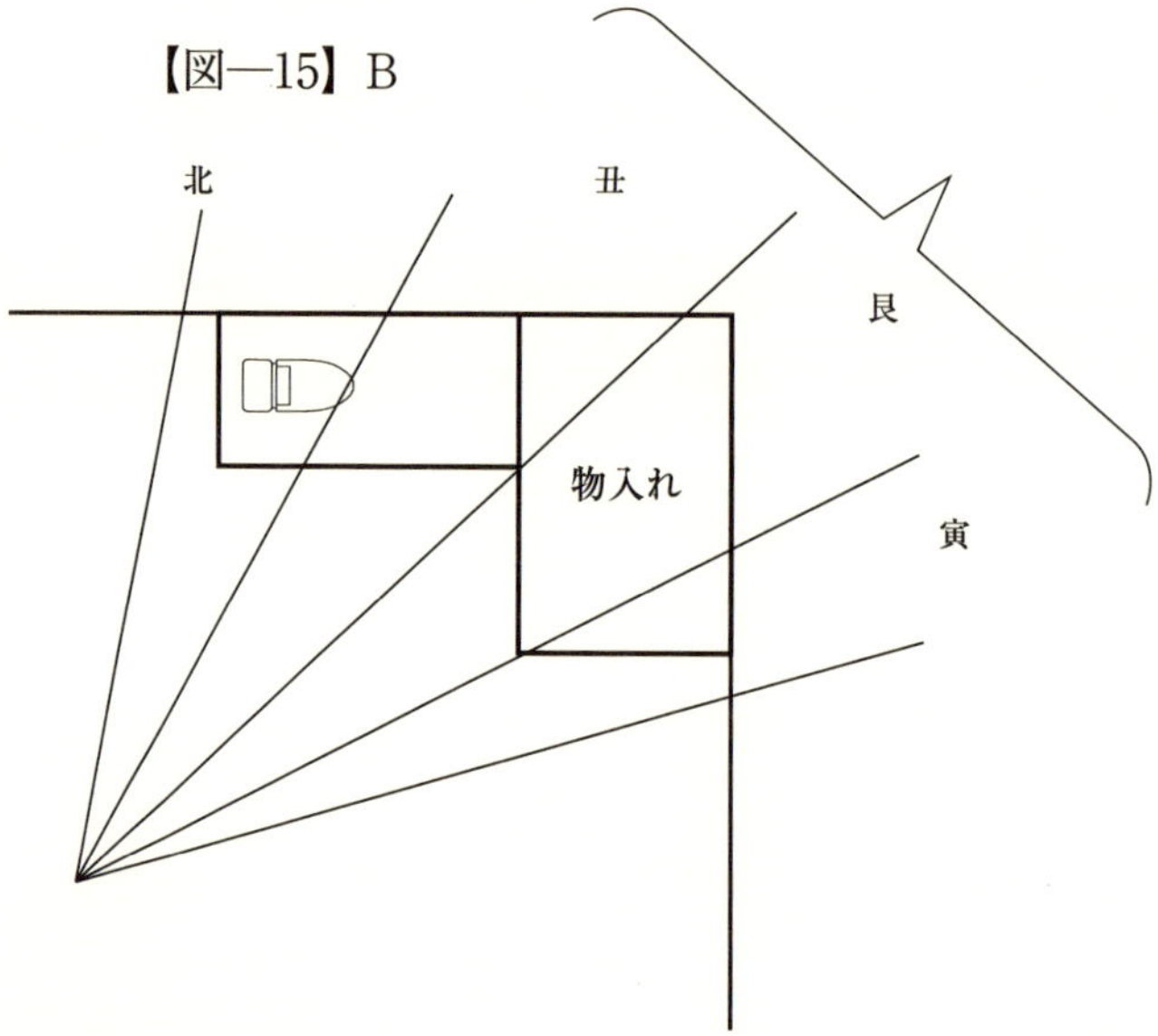

(4)全面修正

〈修正前〉

①巽の欠け（玄関）　②艮のトイレと浴室

【図—16】

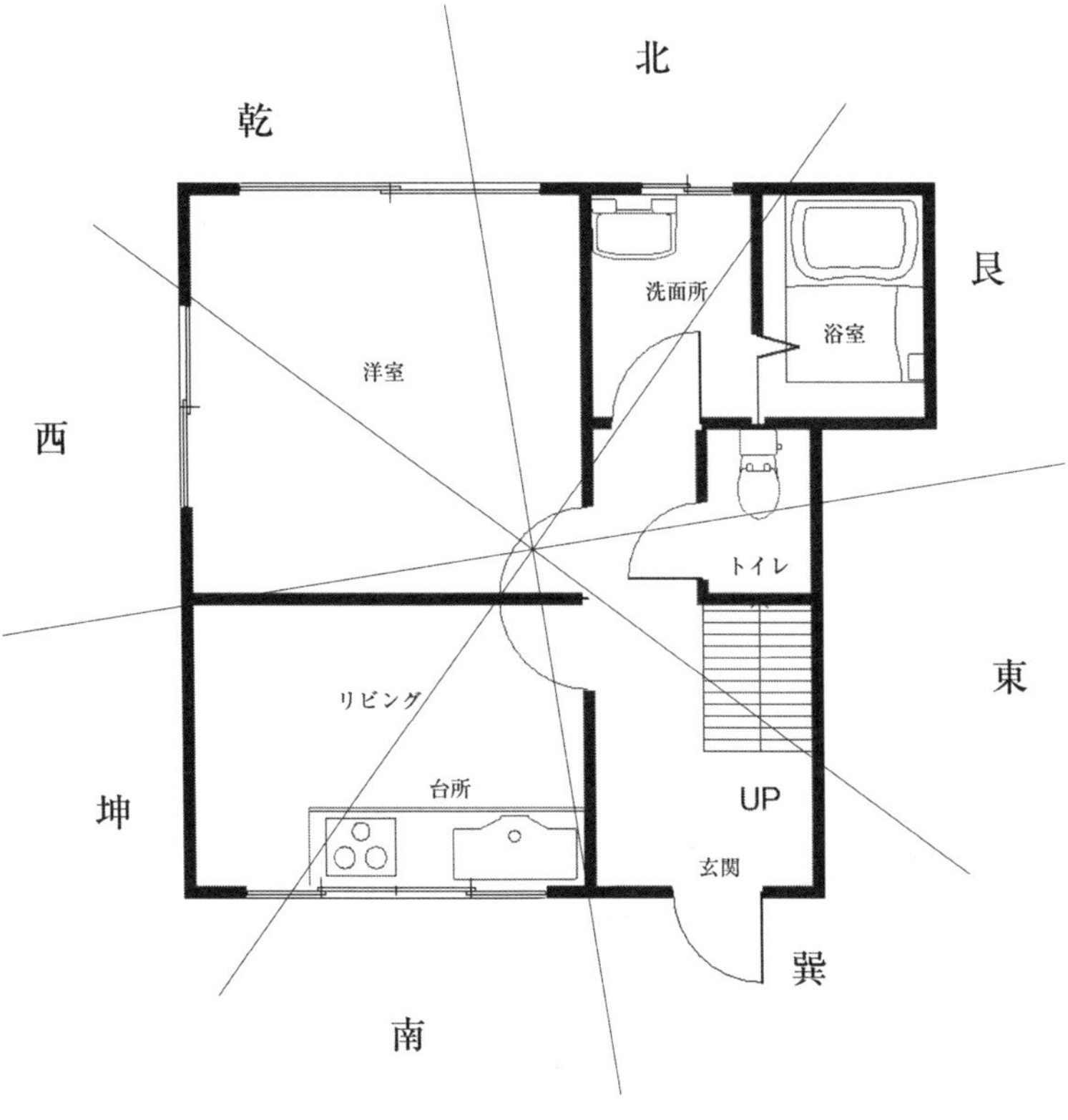

〈修正後〉

①欠け込みとなる玄関部分に張りを出し、欠けをなくす。　②北正中の洗面所を正中から外す。

③艮エリアのトイレと浴室をそれぞれ北エリアと東エリアに移動する。

【図―17】

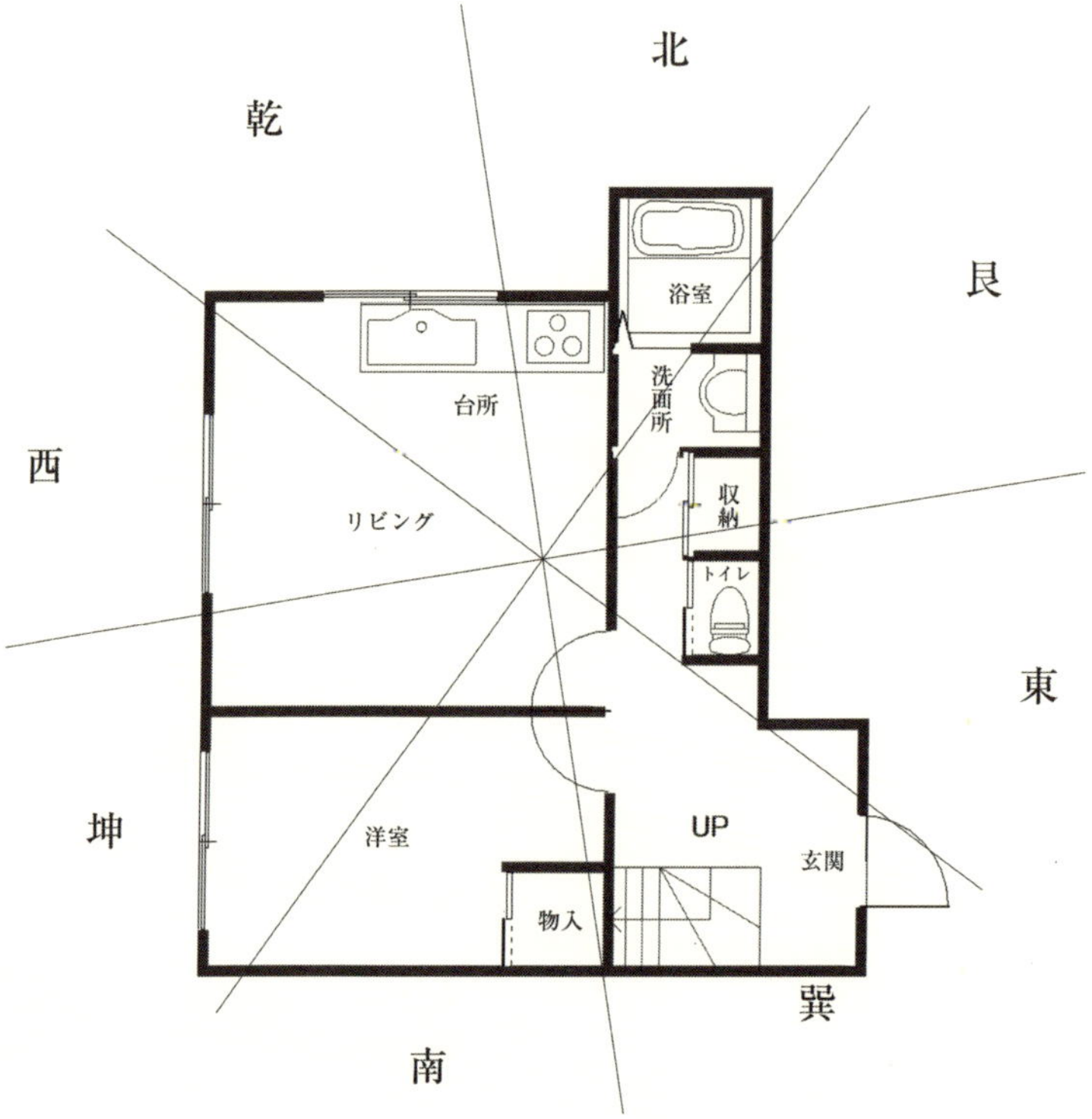

2　その他の間取りの注意ポイント

⑴中廊下

中廊下は住居の間取りとしては不可です。中廊下とは家のほぼ真ん中を端から端まで走っている廊下のことで、屋内の気の流れに大きな支障ができるため、店舗でなく一般の家庭の間取りとしては、家庭内のトラブルや解決の糸口のない悩みごとを抱え込む現象を生みやすい間取りです。

⑵吹き抜け

吹き抜け構造は、西欧風、あるいはリゾート感がして、近年大変人気があります。また、二世帯住宅が多くなり、エレベーターで各階の移動ができるような住居も普及してきています。但し、エレベーターも吹き抜けと同様で、両者とも欠けとなり、結論としては凶となります。その理由は、一階、二階、三階それぞれの気を抜いてしまうので、外郭で支えられている屋内の気の流れと気の強さ（作用）を常に弱めてしまうからなのです（【図―18】参照）。高齢者の増加に従って、家庭用エレベーターは増加する傾向ですから、家相上の凶相（欠け）を逃げる方法としては、エレベーターの部分を外に張らせて、そこに設置できれば、張り欠けなし、ということになり、家相上、問題なくエレベーターを設置できます。

【図―18】

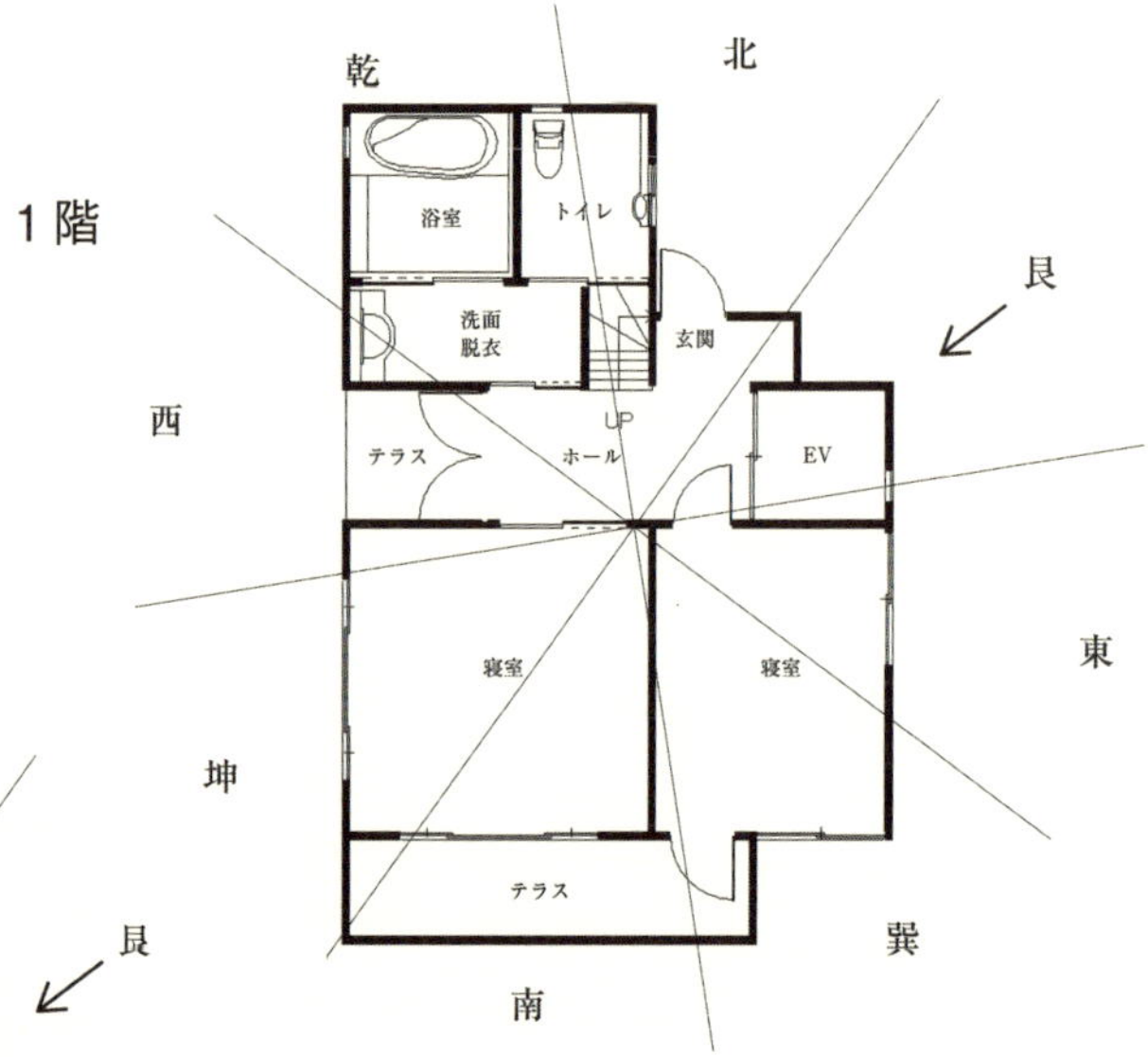

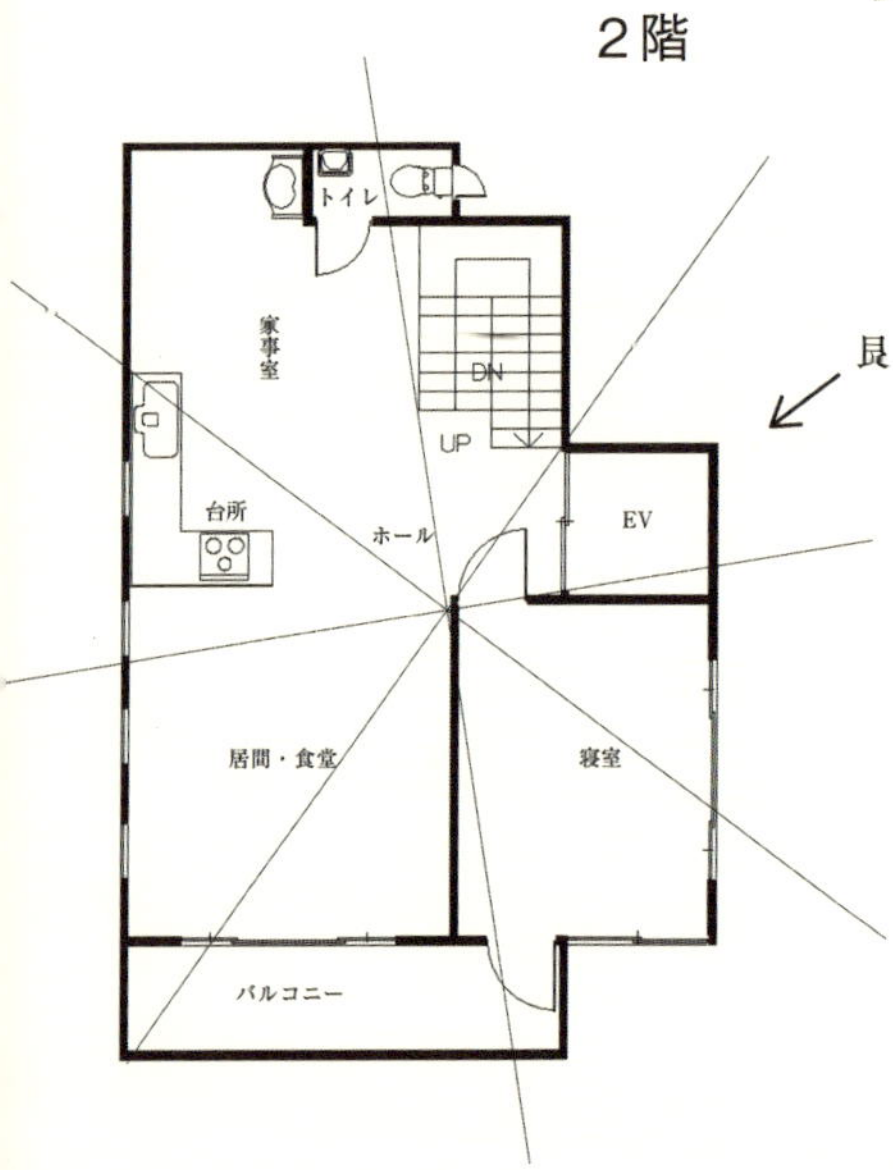

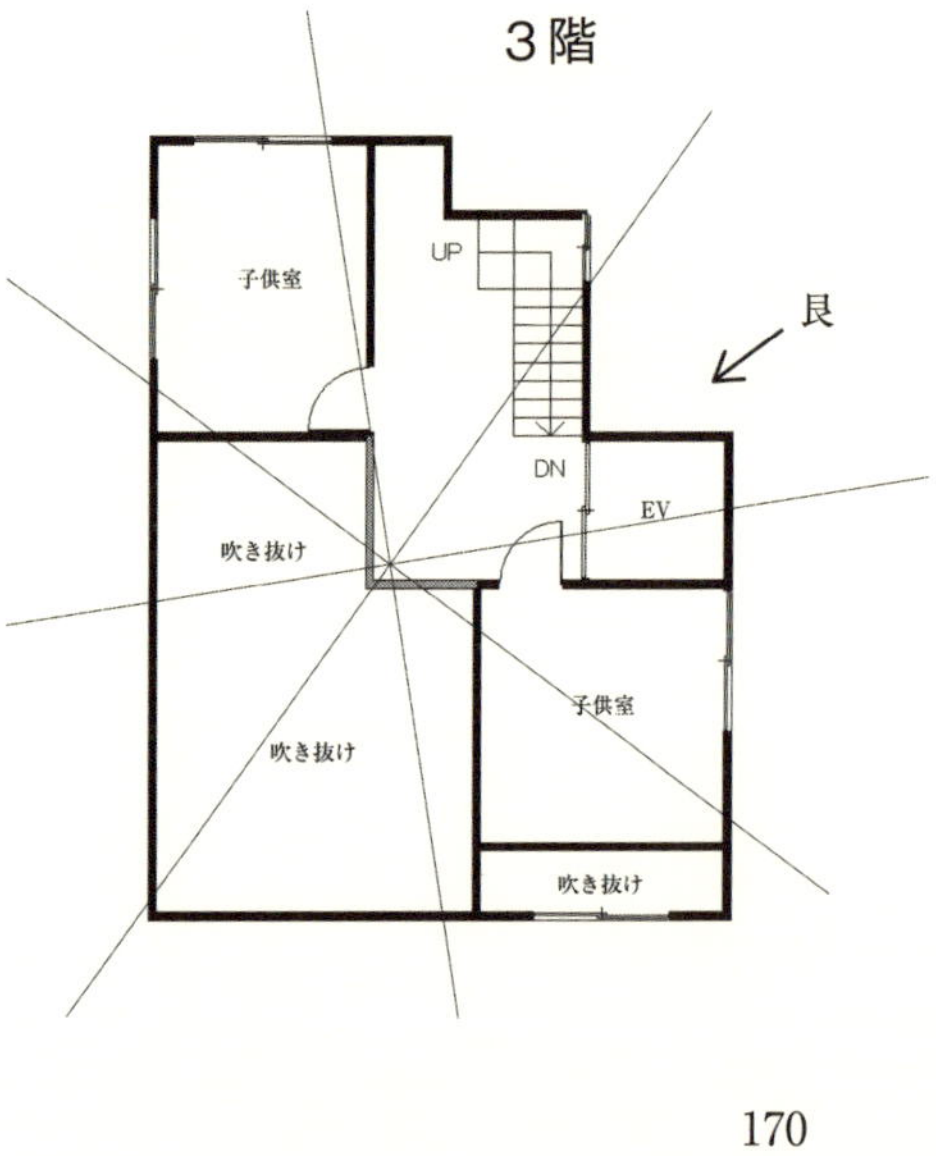

（注）エレベータによって、艮方位が欠けになる。

(3)床の間・寝室・子供部屋

気の流れからみて厳禁になる方位というものはありません。「風水家相」と称する本には、これらの方位について種々書かれていますが、間取りに無用な制限を加えるだけで根拠はありません。

(4)囲い廊下

囲い廊下は、四方が「空き」の状態で気が常に流れ出ていくので、寺社などでは一般的ですが、間取りによる気の滞留ができず、居住を目的とする一般家庭の間取りとしては凶となります。

(5)地下室と半地下

地下室（半地下も同様）は凶とします。近年、地価の高騰と建築物の規制条例などによって、敷地の有効利用という観点からやむを得ず、地下室を設ける場合が多く見られますが、地下室は間取り、居住の有無とは関係なく、器としての家の構造上吉相とはならない、というのが気学家相の正しい判断です。

というのも、人間をはじめ地上の万物は、生々の気（エネルギー）に関わる太陽光線をはじめ、エネルギーによって吉凶禍福の現象を示していくので、住居も自然の光による陰陽二気が活発に展開している地表の上に立つこと、が基本になります。

【3】二階の間取り

二階の間取りは一階とは別に二階の外郭の宅心を出し、そこからの方位で間取りの吉凶をみます。二階建ての場合、外郭も浴室、トイレなどの水回りも、一階に準ずることが多いのですが、【図―19】では、一階と二階では間取りも、水回りもほぼ別個に設計されていることがわかります。図のように、二階は艮エリアが大きく欠けており、これが問題となります。一方、一階の艮エリアは洗面所と浴室になっており、二階の大欠けとは逆に、大張となっています。

【図―19】

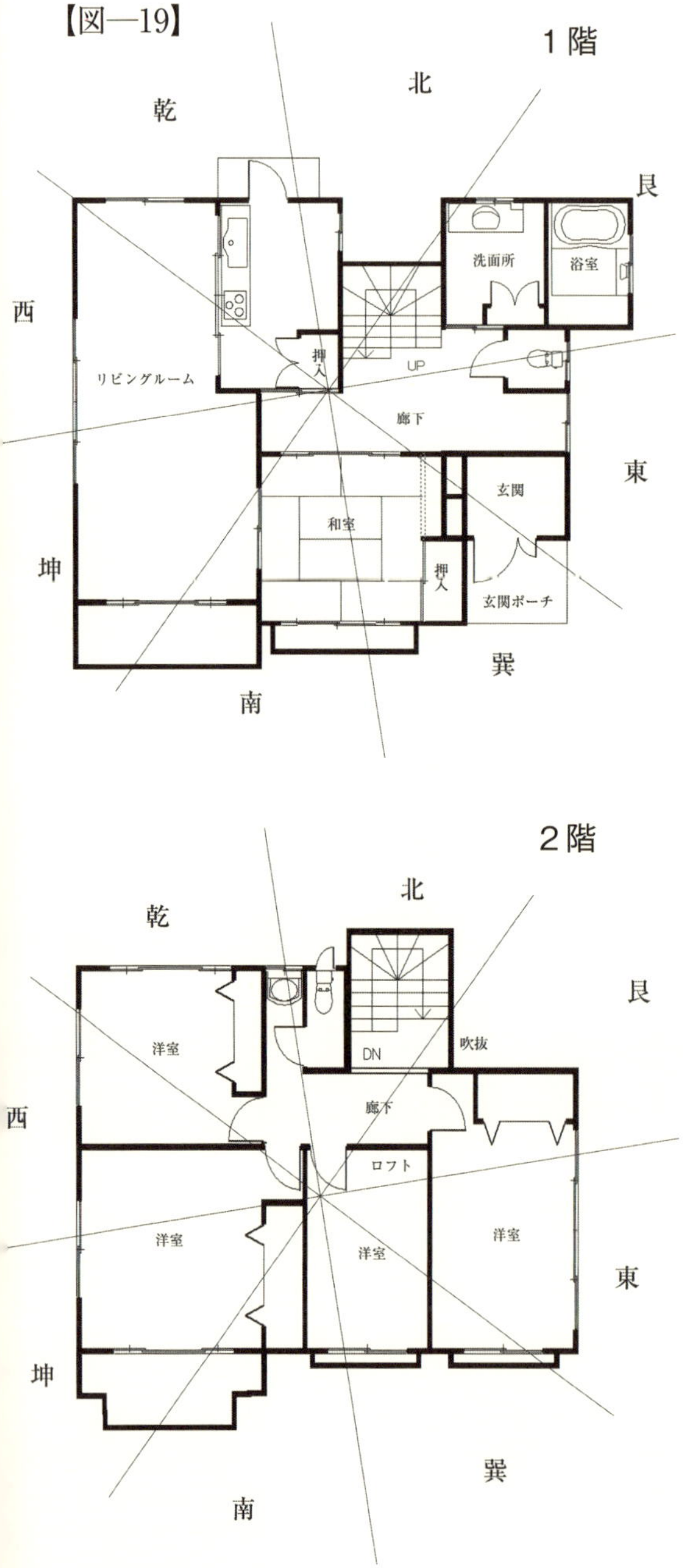

〔4〕敷地内の別棟、物置、車庫や井戸、樹木の方位

家相の方位の分界は、度八等分二十四山方位で決めますが、敷地内も同じく家屋の宅心を原点として、家相盤による方位を使用します。家屋がある敷地は、その境界内はすべて家相の適用範囲内になりますから、当然、家相盤（二十四山盤）を使用しなければなりません。

【図―20】

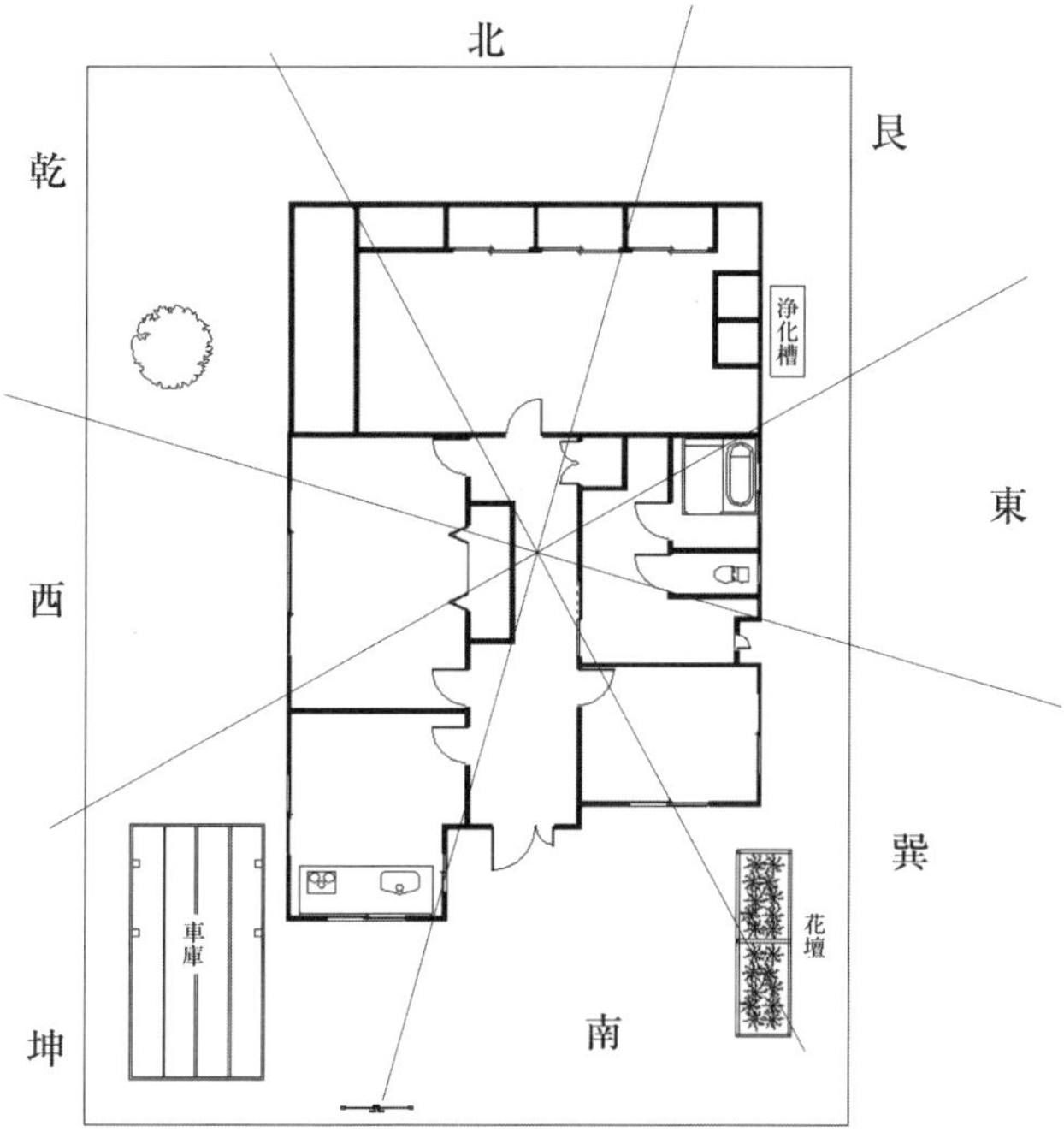

〈チェックポイント〉
乾の古木、艮の浄化槽、巽の花壇、坤の車庫は、処理するときに注意を要する。少なくとも五大凶殺が回座しているとき、土用の期間は不可【図―20】。

〈チェックポイント〉

カースペース側にロッカーなどを設置する際は、艮エリアになるため今後取り壊しが出来ないことを念頭にして行うことが必要【図—21】。

【図—21】

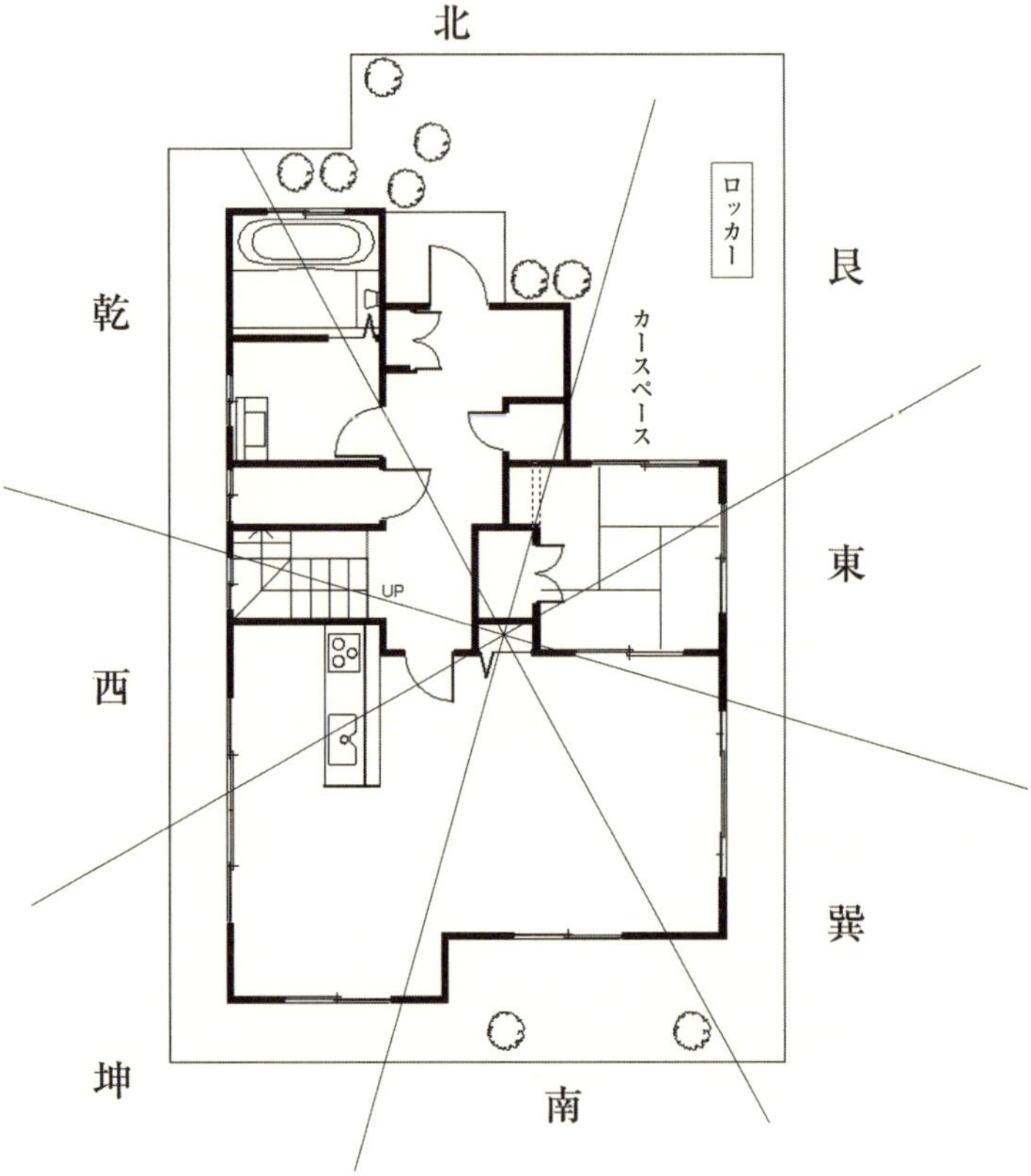

【深く織る】

建物の周囲の敷地（庭）を外周といいます。最近は、庭にスチール製の物置をおいたり、自動車の青空ガレージにして利用しているようですが、敷地に余裕があれば、艮エリアを物置やガレージに使用することは、避けた方がよいでしょう。物置の設置は、その方位に張りをつくることになりますが、物置の大きさや高さが母屋を越えないことが原則です。また、艮エリアの物置は一度設置したあとで、その物置の基礎を壊すとその家の相続に強い凶作用が出るといわれていますから、その敷地内に住む以上は取り壊さないというのでなければ、軽い理由での設置はすすめられません。外周内に池を作ることは、どの方位であっても、古来、厳禁とされており、その他、注意を要するのは、古井戸の埋め立て、浄化槽の埋め殺しなどがあります。

［5］模範的な間取り（例）

【図―22】

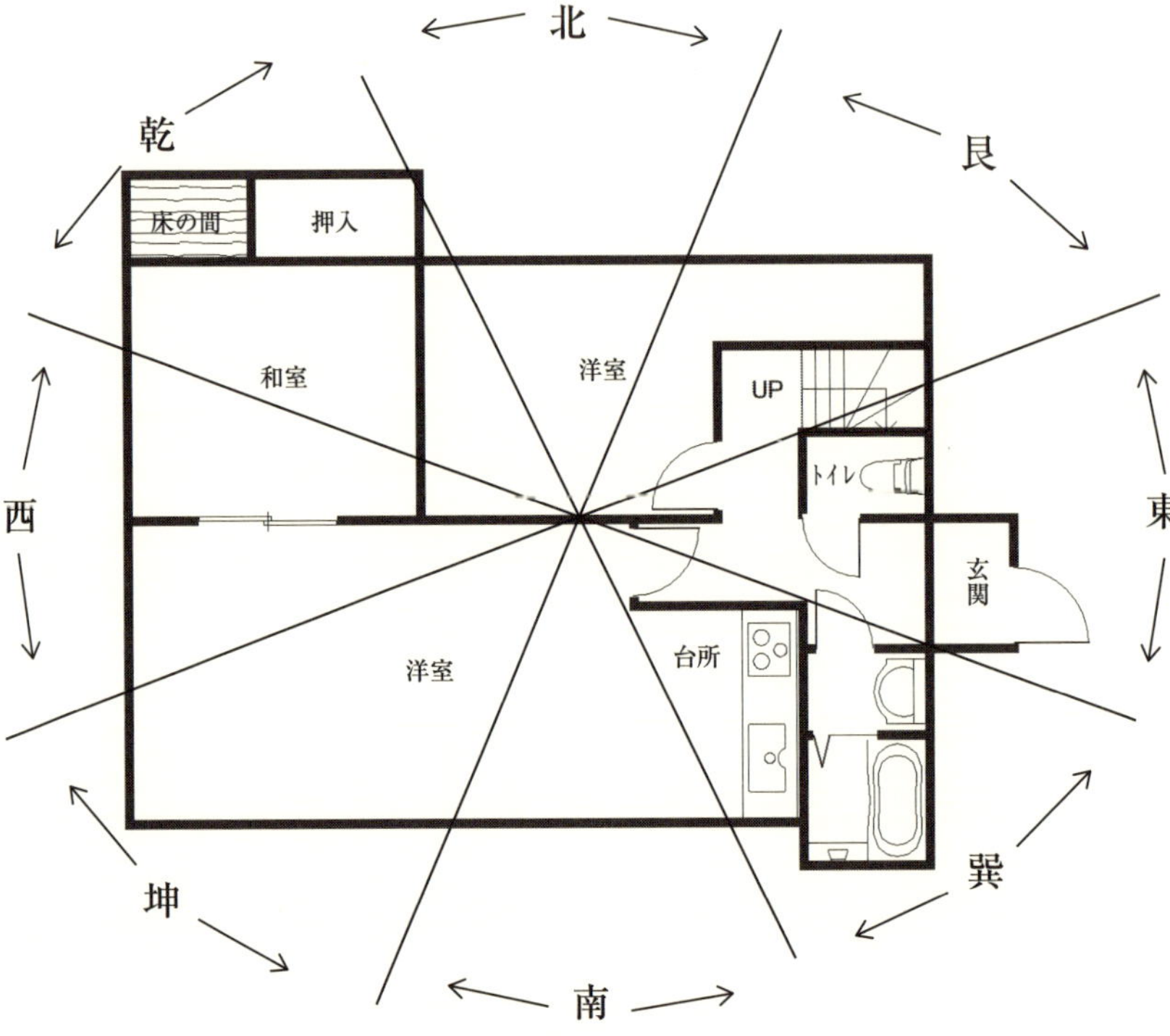

【図―22】のように、外郭は巽と乾の二方位が張っており、欠けはなく、玄関も張りを使って欠け込み（土間）を巧みに処理しています。火気、水気が主となる三備のすべてが、艮エリアを逃れ、しかも、八方位すべての正中線を外している点で、外郭、間取りとも吉相の家相といえます。欲をいえば、玄関が東の正中領域に入っており、この正中エリアを外せればベストとなります。

［6］鑑定手順のまとめ

①図面に方位表示が入っているか、それが真北を指しているか磁北を指しているかを確認する。真北であれば、偏角表によって磁北に修正する。

②宅心（家、間取りの中心）を求める。

③宅心に家相盤の中心を合わせ、家相盤の北を磁北方向に合わせてから、八方位を太線で記入、各方位の正中エリアを求めて細線を引く。

④外郭の張りの部分の長さが、外郭全体の長さの1／3以内であれば良い家相、1／3以上であれば「大張り」となり、凶相の家相となる。なお、「欠け」はすべて凶となり、とくに艮（鬼門）の欠けは、必ず避けることが必要。

⑤間取りのうち、まず、三備と玄関の方位をチェックする。これらが両鬼門にあたっている場合は、設計段階であれば、他の方位へ移動させること。とくに三備については、間取りの1／2以上が鬼門の正中エリアに入っている場合は、必ず移動させること。

⑥階段の位置は、両鬼門、乾は避ける。但し、階段の向きは家相には関係ない。

⑦吹き抜けは凶相となる。二世帯住宅などでエレベーターが必要な場合には、吹き抜けと同様になるので、設置場所の外郭を張りにして、そのスペースに設置する。

⑧物置やガレージなど家の外周の付属物も宅心からの二十四山方位でその吉凶を判断する（家屋を中心として敷地内はすべて二十四山方位の適用範囲）。

（注）

図面がない場合は、家の外郭と間取りをデッサンし、デッサンの図面上で宅心を求める。次に、宅心に該当する実際の場所を確認し、そこに磁石を置く。針の指し示す方向が磁北となる。磁北を確認したら、デッサンの図面上に磁北線を引く。次に、家相盤を置き盤の磁北を磁北線にあわせて、八方位エリアと各正中エリアを書き込む。④以下は同じ手順。

第四節　改築・修理時期の選び方

［1］まず年盤、次に月盤の順で改築・修理の方位の吉凶を優先します。但し、三備を後天定位盤の艮（鬼門）へ移動するような改築・修理は、その年、年盤で回座する九星に関係なく不可となります（新築の際は、設計段階で後天定位盤上での艮方位への三備厳禁となることはいうまでもありません）。また、その方位に五黄殺、暗剣殺、破がついていないことが原則です。さらに工事箇所に家族の本命星（未成年の場合は月命星、以下同じ）が回座していないこと。

［2］宅心周辺（エリア）を工事するときは、年月とも住む人の本命星が中宮に回座していないこと、かつ、五黄土星中宮でないことが必須です。なお、屋根は南、床は北と見なします（二階建てなど多層階の場合、例えば、一階の天井は南、二階の床は北となります）。

［3］以上のうち、とくに［1］、［3］に引っかかる場合で、どうしても工事をしなければならないときは、少なくとも工事期間中は家を空けるのが適切です。複数の方位にまたがる工事の場合も同様です。

［4］なお、気学で「改築」という目安は、家の構造物を削ったり、穴を開けたり、クギを打ち込む、とい

うレベルであり、壁紙や畳の張り替え、外壁の再塗装程度は改築・修理の範囲には入りませんから、問題はありません。

［5］戸建ての家の外周壁、敷地の外周壁などの改築・修理は、年盤（できれば月盤でも）五黄土星中宮でなければ可となります。

第五節　マンションの家相

［1］マンションの家相

マンションについては最近とくにタワーマンションなど免震構造の高層階のものに人気があります。しかし、一戸建てと違って集合住宅であるため、戸建ての場合のように外周の張り・欠け、間取りが自由になりません。しかし、今後もマンションは増加しますし、現在もマンションに住んでいる方が多いので、マンションの家相として、間取りの吉凶を中心に解説していきます。

［2］マンションの間取りの特殊性

マンションの間取りの吉凶は、占有する間取りの中心を宅心として求め、磁北を中心に八方位の線を引いたのち、すべて「戸建ての家相」とみなして吉凶を判断します。従って、占有部分の外郭の張り欠けは勿論、三備（トイレ、浴室、台所）、の位置も、両鬼門を始め、その他の四正、四隅の正中を避けることが望ましいです。但し、居住者（とくに主婦）の動作の合理性、機能性、そして集合住宅設計の制約上、戸建てでは見られないマンション独特の間取りとして、宅心に三備を集めるケースが主となります。しかし、居住空間の太極である宅心に三備を配置するということは、後天定位盤の五黄土星のうえに三備を配置することになりますから、大凶となります。この点だけでも最小限のチェックが必要です。その他、最近は、外観に芸術的な雰囲気をもたせようとするせいで、外観の奇抜さを競う傾向がありますが、家相的には凶となるケースがほとんどです。

［3］典型的なマンションの間取り

【図―23】

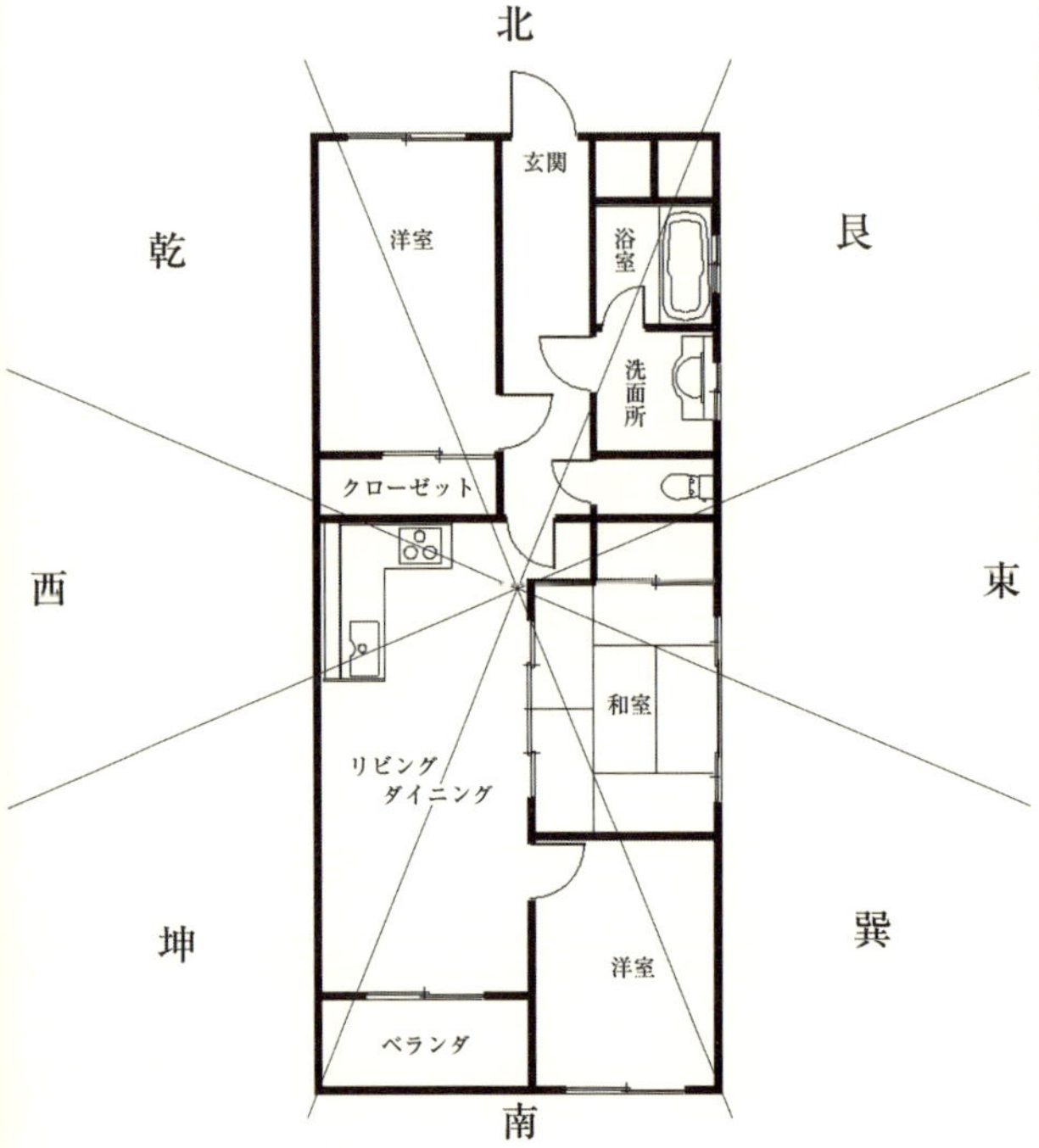

〈チェックポイント〉
艮の洗面所
北の玄関

【図―24】

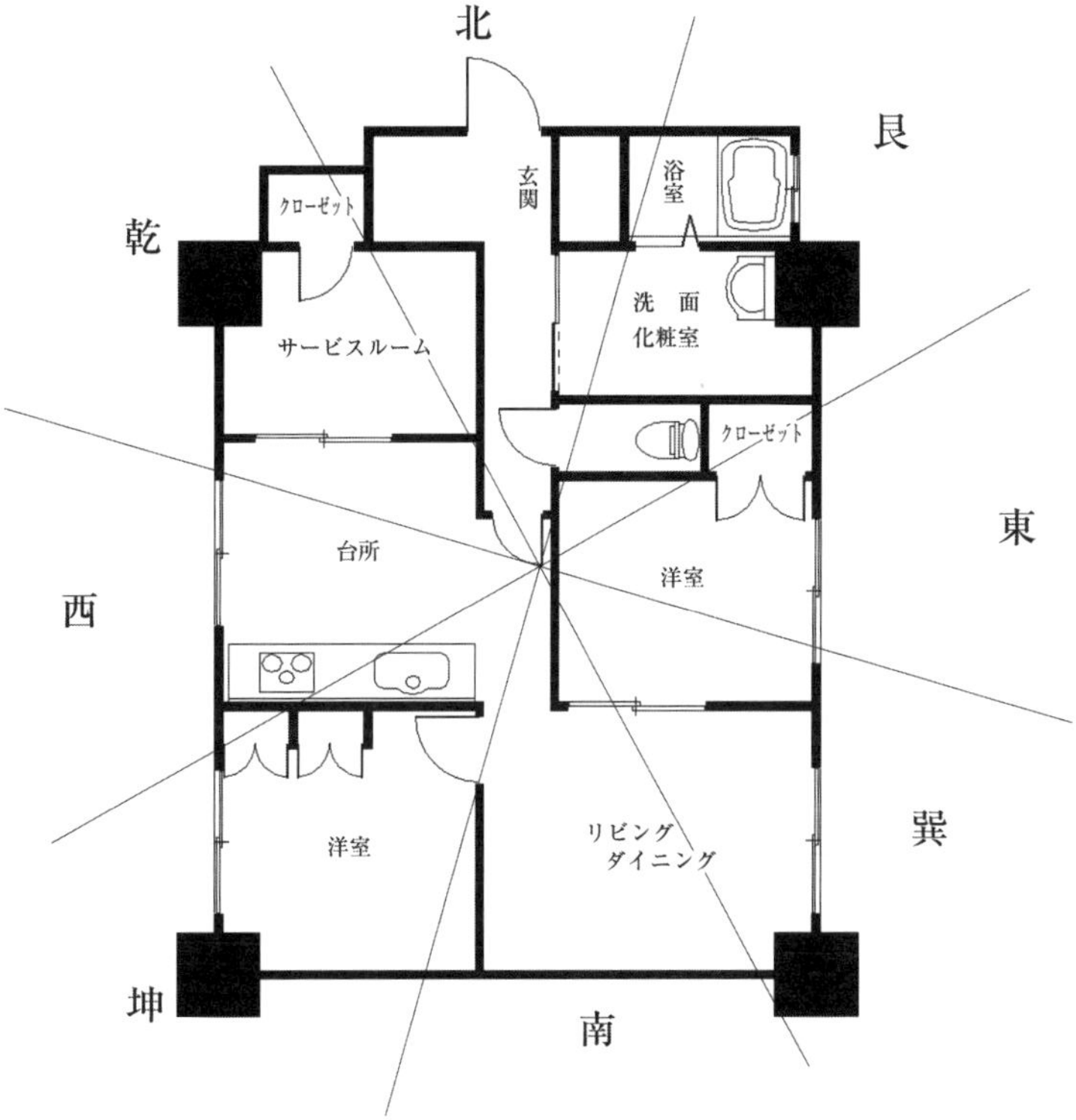

〈チェックポイント〉
艮の浴室、洗面所、トイレ

【図―25】

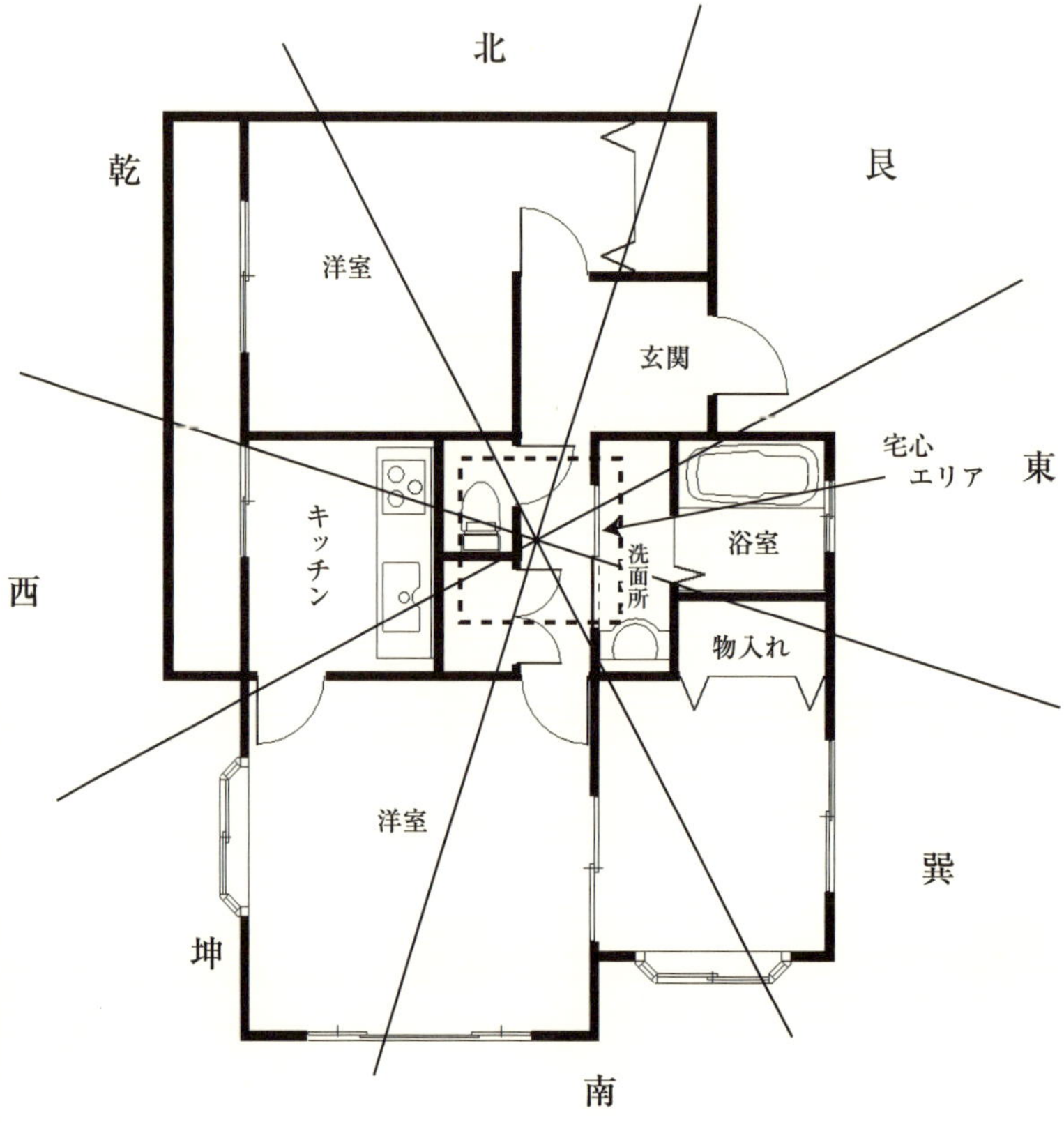

〈チェックポイント〉
①艮の欠け　②艮の玄関
③宅心エリアに入るトイレ、洗面所

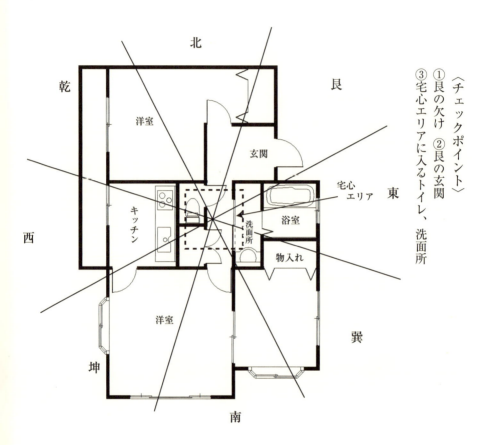

【図—26】

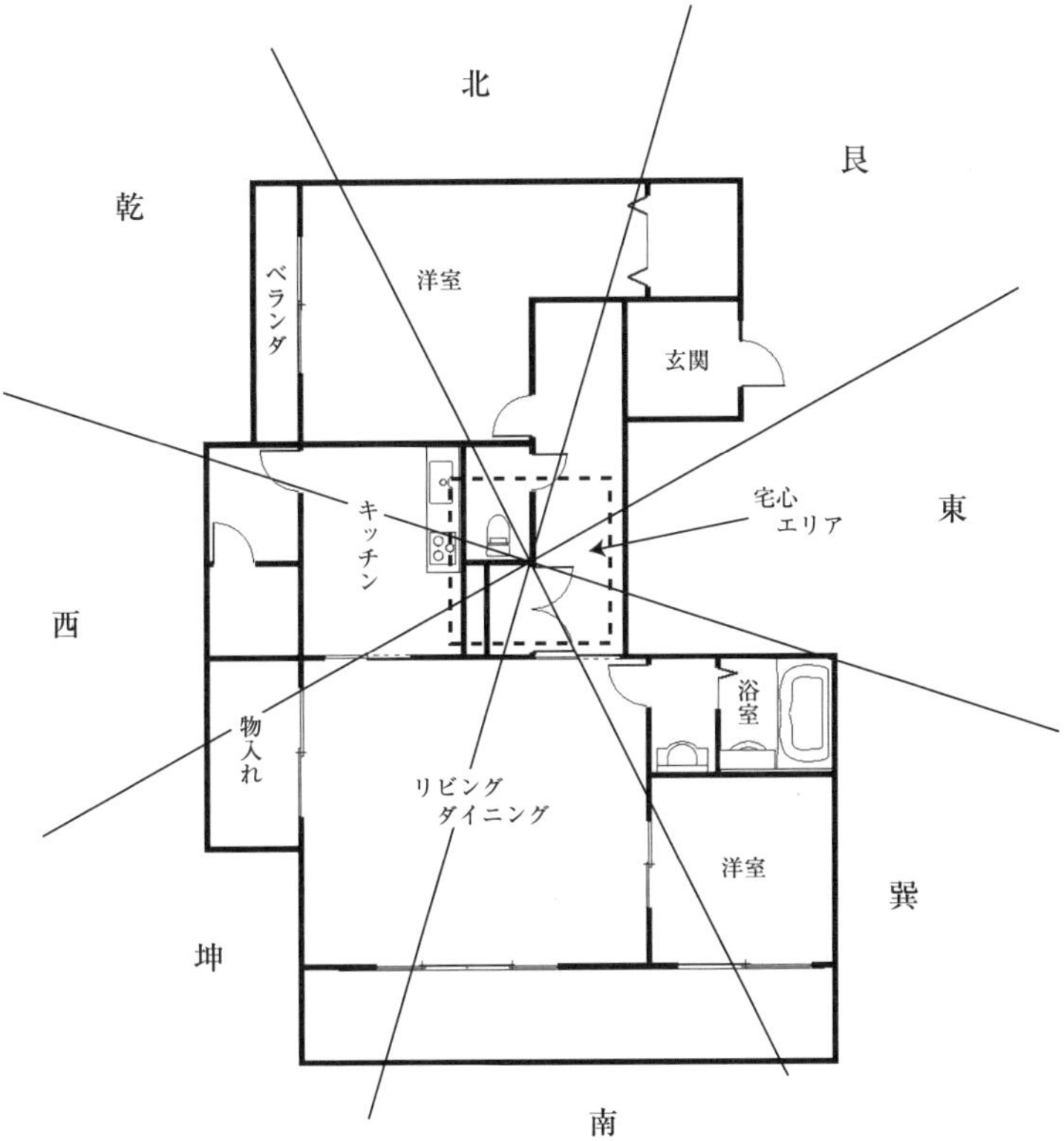

〈チェックポイント〉
①東の欠け　②宅心エリアに入るトイレ
③艮の玄関

［4］変形マンションの間取り

マンションといえば、長方形が一般的でしたが、最近は土地の有効利用やデザインの斬新性、芸術性を狙った奇抜な形のマンションが多くみられるようになっています。【図―27】、【図―28】などは、一辺が大きく斜線になった形状のマンションの一例です。

斜形が家相に影響する判断基準は【図―27】に記載してあるように、直線を延長させ、直角に交わらせるとき、斜線部の長さが直線部分の1／3を超える場合に、凶の家相となる。【図―28】の場合は、坤から西にかけての斜線部は1／3を超えているので欠けとなります。西から乾にかけての斜線部分は、1／3を超えないので、欠けとはなりません。【図―29】は、間取りの中央部分が大きく欠けている設計になっています。これでは、太極エリアが欠けてしまい、居住者の身心両面にわたって不安定になり、大凶の家相となります。

【図―27】

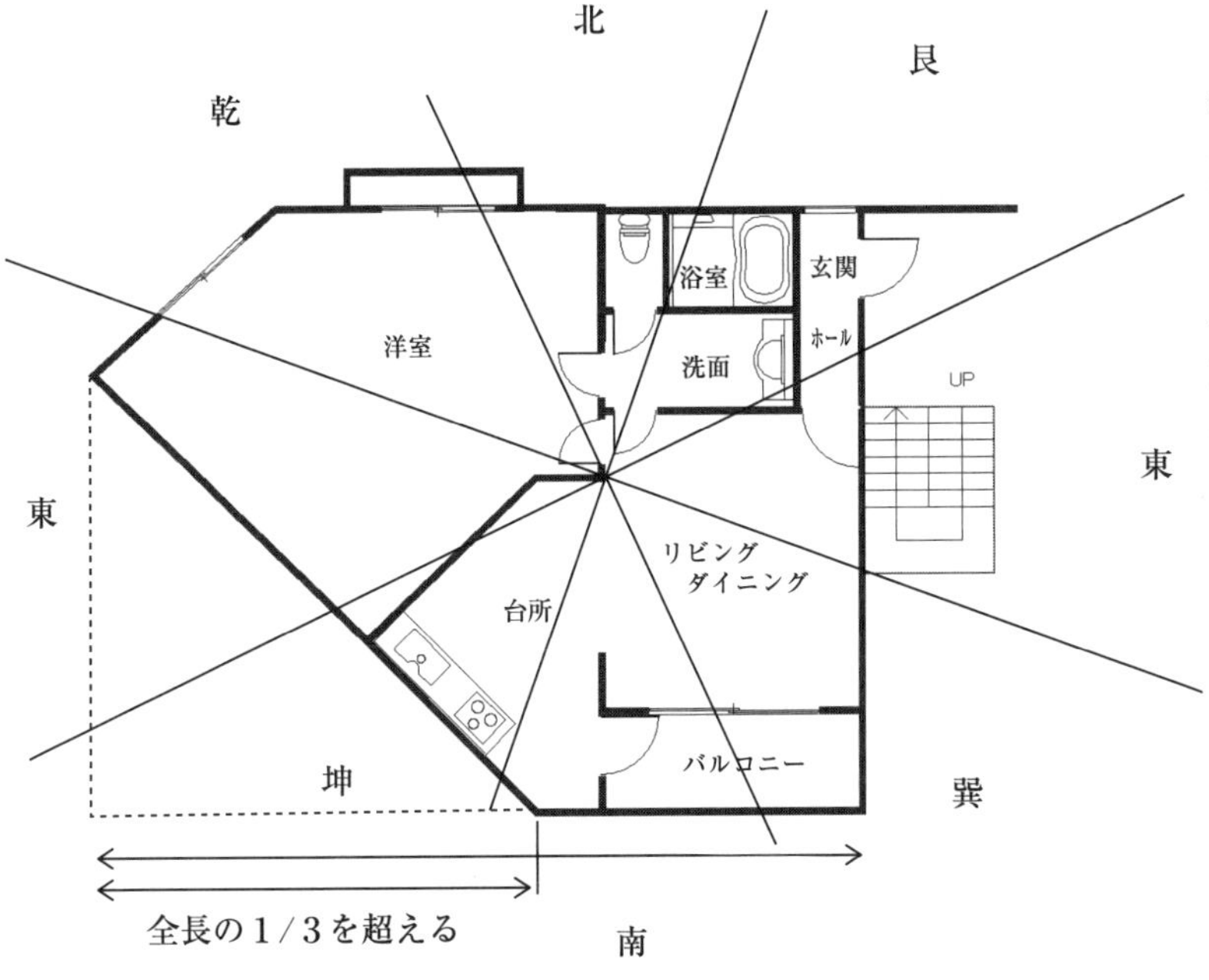

〈チェックポイント〉
①坤の欠け
②艮エリアの浴室、玄関

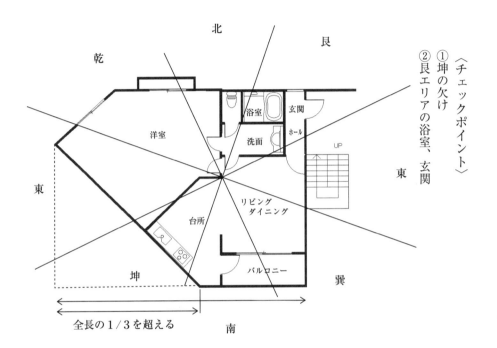

【図—28】

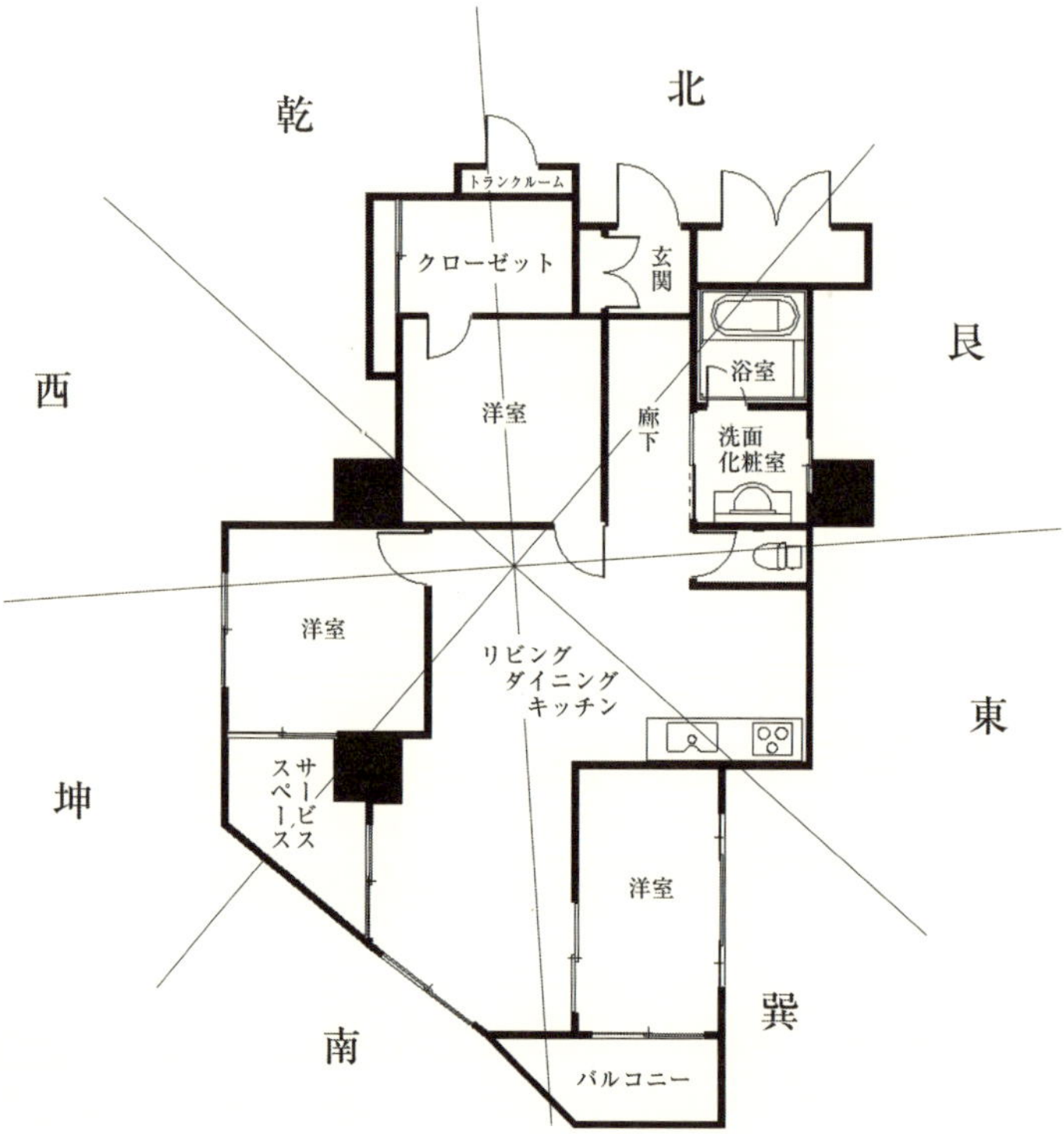

〈チェックポイント〉
①南エリアの大欠け　②乾エリアの欠け
③巽エリアの欠け
④艮のエリアにかかる浴室、洗面所

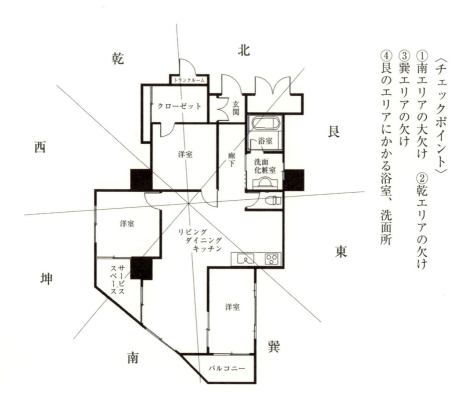

【図—29】

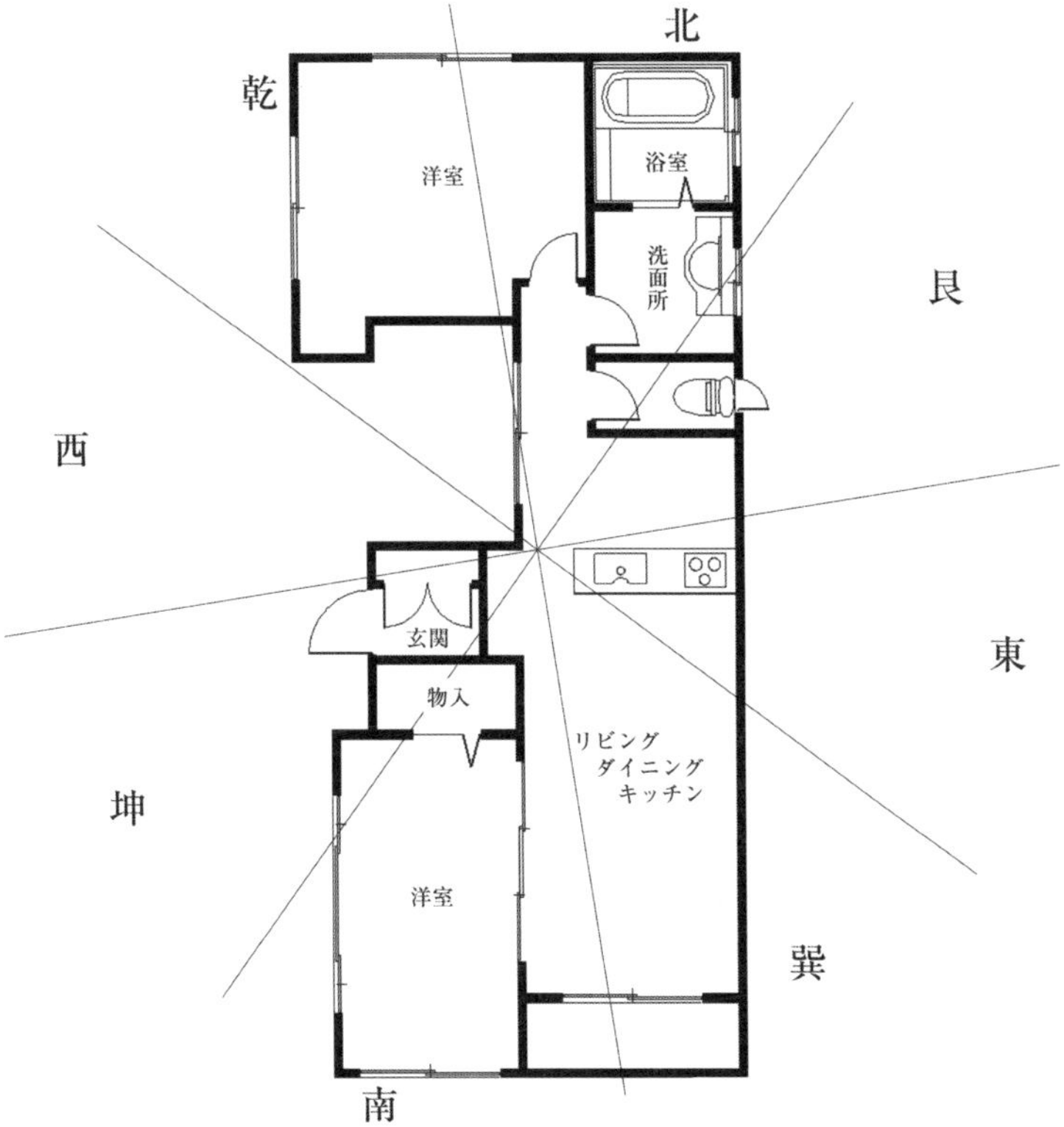

〈チェックポイント〉
①宅心エリアが大欠け　②艮エリアのトイレ
③西の大欠け　④坤の欠け

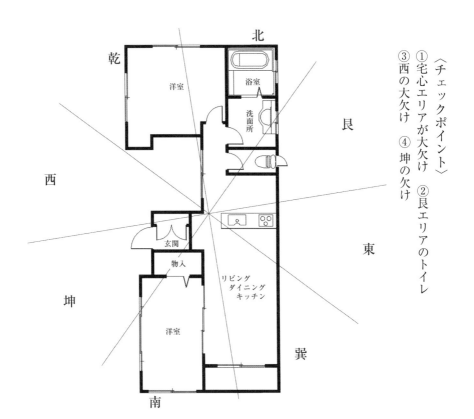

[5] マンション家相に求めるもの

これまで、マンションの間取りについて解説してきましたが、マンションの場合、戸建てと違って「ベストの間取り」を望むのは、かなり難しいことを、改めて感じたことと思います。勿論、戸建てであっても地形、公共道路、下水道などの制約で、思い通りの間取りの家を建てるのが、難しいことがあるのも事実です。

ここでは、マンションを選択する際に必要な最低限のチェックポイントとして、

①三備が宅心エリアに入っていないか
②三備が艮（鬼門）エリアに入っていないか
③占有エリアの形が艮（鬼門）欠けになっていないか

を確認することが必要です。

但し、最近のマンションの間取りの傾向として、①②③いずれも満たしていない物件が圧倒的に多いのが実情です。この場合は、御神砂と観葉植物によって凶作用の現象化をさけることが、必要となります。

なお、次のような点には十分気をつけて下さい。

マンションやアパートの棟全体の形や張り欠けは、吉凶とは全く関係がありません。例えば、北側が凹んでいるマンションに住んでいる人には、男女とも下腹部の病気に罹りやすい、などというのは、全くの迷信ですから、くれぐれも混同しないことが大切です。また、高層階（例えば三～四階以上の部屋）は、気が昇ってこ

ないので良くない、という珍説にもご注意下さい。風、雨、雲などの「気」象の影響をうける高さであれば、良くも悪くもすべて気の作用のもとにあります。

[6] マンションの利点

気学家相からみたマンションの利点もあります。例えば、室内に良い気を充実させておくには、戸建てに比べてマンションは機密性にすぐれていますから、この長所を充分に使うことです。例えば観葉植物から出される生々の気や吉方位の神社の御神砂置きによって、気の力を有効に使うことが出来ます。これらは、マンションの構造上、最も効率的に作用しますから、間取りで気になる箇所に常に置くことは、気の作用効果によって、住まいの気の力をアップする手段となります。

また、マンションなどの集合住居は、勝手に増改築ができませんから、時期の悪いときの増改築は通常できませんし、逆に、管理組合の合議によって、全棟にかかわる修理、補習などの工事がされる場合でも、集合住宅であるために時期や方位の悪影響の有無を心配する必要がないということも利点のひとつです。

戸建て、マンションにかかわらず、家相に強くこだわる人をターゲットにした俗本や流行本のなかには、「風水気学」「風水家相」などと銘打って、鏡の効力や壁紙、カーテンの色まで、種々の効果をうたっているものがありますが、それらは、風水でも、気学でもなく家相とは関係がありません。安易で安価に、一時的な気分転換程度の心理的効果があるかないかの程度です。

第六節　まとめ

以上、五節にわたって、戸建てをはじめ、マンションの間取り・外郭・敷地内などの家相についてその真実を述べてきました。要するに敷地内の家屋に住む人間の本命の気（エネルギー）を損なう汚濁の気を弱化し、人の心身に活力を与える生々たる気を屋内外に維持、保全するためには、間取りの配置や敷地内の構造がどのようになっていればよいかを鑑定するのが真の家相学なのです。

【吉凶一覧表】

〔水気、火気理論による吉凶基準〕

間取り＼方位	北	艮	東	巽	南	坤	西	乾
玄関	D	D	A	A	B	D	B	B
台所	C	D	B	B	C	D	C	C
浴室・洗面所	C	D	B	B	C	D	B	*C
トイレ	C	D	B	B	D	D	C	*C

【評価記号の解説】

A　ほぼ適切な方位

B　可とする方位

C　避けたい方位だが、他に配置する余裕がない場合に「可」とする方位。

「＊C」は、乾（戌・乾・亥）に限って、亥のエリア（15度）のみ、可とする。

D　避けたいエリア（45度全体）。

※戸建ての場合、庭など外周部に物置などを配置する方位もこれに準じ、ガレージ、物置、浄化槽などは、両鬼門（艮、坤）は気の流れが最も激しいので配置を避けたいエリアとなる。それに次いで、乾、北さらに南、そして巽へというのが気のエネルギーを維持する必要がある方位。

【その他の間取りの評価（部屋の用途と方位の象意を基準にした評価）】

気の作用で判断するのではなく、後天定位盤の九星の象意と常識的知識による基準であり、疑似家相論ともいうべきもの。

◎　適切とされている方位
○　ほぼ適切とされている方位
△　避けたいとされている方位

	北	艮	東	巽	南	坤	西	乾
食堂	△	○	◎	◎	○	○	△	○
居間	◎	△	○	○	○	△	○	◎
寝室	◎	○	◎	○	△	○	○	◎
書斎	◎	○	◎	◎	○	○	△	◎
子供部屋	◎	△	◎	◎	◎	△	○	△

第四章

気学一問一答

＝気学のあらゆる疑問に答える＝

【質問 1】

運命学としての気学の範囲について教えて下さい。

回答・・気学の範囲は概略、以下の項目です。

①移転、新規の病院、旅行などの方位の吉凶を知る
②運気の強弱を知る
③人の生まれつきの気質を知る
④人の相性を知る
⑤家相の吉凶と新築、増改築の時期の吉凶を知る
⑥自力開運の方法を知る

【質問2】

霊感、あるいは、最近は「スピリチュアル」という呼び方をする占い本、オーラ本のようなものが、幸せをよぶ運命学のようにはやっていますが、気学との違いを教えて下さい。

回答・・気学は祖先霊とか、霊感、スピリチュアル、(但し、スピリチュアルという言葉が何を意味しているか、運命学としても正当な心霊学からも曖昧ですが)いずれにしても、それらとは全く関係がありません。気学は、人が生まれた瞬間の時点での、つまり、その年、その月の気を軸にして、その人が使う方位やその人が持っている運気、さらに年々歳々の運気の強弱を推断する運命学なのです。つまり、あくまでも現実の「気」だけを客観的に問題にするのであって、祖先の霊とか、あるいは、除霊をするということとは関係ありません。

【質問３】

気学の「気」とはどのように理解すればよいですか。

回答・・気学は易に基づいており、易でいう気は、「生々の気」というものです。人事から自然現象まで、森羅万象を貫いているエネルギーのことです。しかし気は体感はできても、作用ですから、気自体を、形をもつ「モノ」として見ることはできません。今から三千年以上前に、そのようなエネルギーを「気」という言葉として見抜いた古代の先達の思考の素晴らしさは、現代の量子物理学の世界からも注目されています。この意味で、まさに気学は人類の知的遺産を継承するものといえるでしょう。早い時期に、この気を生々の気として論じ、言葉として残した人として、中国先秦時代の思想家、孟子が有名です。彼の書物のなかで、生々の気は『浩然（こうぜん）の気』とよばれ、それは、早朝に森林や海辺などで胸に吸い込む大気の香りに伺うことができるのです。

【質問 4】

立春の日が誕生日の人は、暦通り新年の中宮の星が本命星になるのですか、それとも、新年になって一日しか経たないので前年の本命星と考えるのですか？ 感覚的には前年（昨年）のように思えますが。

回答・・本命星は、母胎から気に満ちたこの世に生まれ落ちて、最初に体内に取り込んだ気によって構成されますから、今年の気が本命星になります。母胎の中で外気を体内に取り込むことはありません。では、気というものは、節分と立春との入れ替わりの瞬間にすべて切り替わるのだろうか？という疑問を持つかも知れません。易は違いますが、気学、四柱推命学、算命学などの運命学は暦学のもとに成り立っています。運命学があつかう吉凶は、すべて暦で成り立つ人事、経済、政治など社会での事柄、つまり人事現象のレベルのことです。このように人事現象の世界での吉凶はすべて、暦学のレベルのことですから、暦学での区分に従うのが正しいのです。従来の気学は、天文学とそれに基づく暦学、暦学に基づく運命学の決然とした違いが理解されていません。ここが、運命学を正しく理解出来るかどうかのポイントなのです。

【質問５】

気学の特徴と由来について概略を教えて下さい。

回答・・気学の源流は易に由来します。そして易もまた「陰陽二気」というように、「気」が根本になっています。しかし、易は組織的な体系はなく、直感的なひらめきを筮竹と算木、そして占例書を使って表現する手法であるため、曖昧さがあり、占断者の予断にも左右されやすく、占断者の感性の優劣や恣意に大きく左右されます。その結果、名人とされるレベルの人も百年にひとり出ればよいような状態です。このような易に対して、気と森羅万象との関わりについての観察を継続し、その間に九宮飛泊（遁行）論、陰陽説、五行論、数象などを吸収して成立したのが気学なのです。直感と陰陽二つの爻（コウ）の組み合わせで、将来の兆しを推し測るシンプルな易に対して、気をベースにしつつ、占断者の予見が入り込まず、また、占断者の生来の感性に頼ることがない点が、易と気学の違いと言えるでしょう。気学の原型が我が国へ渡ってきたのは六〇〇年代とされていますが、陰陽道など土俗的な信仰と混合し、江戸時代を経て、現代のような姿に整えられたのは大正時代になってからなのです。

【質問６】

気学の確立者といわれている園田真次郎とは、どのような人物ですか？

回答：大正・昭和前期の気学の第一人者とされる人物です。明治九年群馬県桐生市に生まれ、後に上京して、同好の士とともに、それまで方鑑術、九星術といわれていた占術を再整理した人物。主に大正、昭和前期に活動し、方位盤を四正三十度、四隅六十度に区分し直したり、「気学」という名称を使い始めました。また、彼の気学の背景には、仏教、朱子学の知識があり、これの視点から、かなり論理的に気学を解説した著作を残しました。この点で、彼の弟子や巷の気学者とは一線を画す論理力をもった気学者でしたが、本来、親鸞に傾倒し、また、朱子学の素養によって気学を論拠づけようと試みたために、五黄土星や太極についての解釈に矛盾点が多く、気学を完全に再構築するには至りませんでした。昭和三十六年に逝去。

【質問 7】

気学と四柱推命学との相違は何ですか

回答‥気学は論の多くが易に基づいており、九星の気の象意というように、気の現象を基本にする運命学です。気学では、生年と生月を本命星、月命星として重視するのに対して、四柱推命学では、生年、生月、生日、生刻の四つをとりあげ、特に生日を重視する点が大きく異なります。また、気学では後天定位盤と遁行盤とを手掛かりとするのに対して、四柱推命学の論は、十干と十二支の組み合わせによる「命式」を作成し、これと生日の十干を手掛かりとして、「通変星」などを出すというように、具体的な手法は大幅に異なっています。運気の強弱は気学、四柱推命学ともに扱いますが、方位の吉凶、家相の吉凶は、四柱推命学ではわかりません。四柱推命学も根本は気の思想ですが、気学のように直接的に扱うのではなく、干支論によってかなり複雑にされており、この点で、「気」の思想が表面に出てこないのが特徴といえます。また、五行の相生、相剋をつかっている点では気学も四柱推命学も同じですが、気学に比べて四柱推命学は、五行相互のバランスと中庸（ちゅうよう）を重視している点も異なります。

【質問８】

日本は北半球ですが、日本から南半球へ旅行する場合の方位はどのようになるのですか?

回答‥当会が発行している『気学開運手帳』に「東京から見た世界の方位概念」という地図が掲載されていますので、それを参照して下さい。

【質問 9】

気学で重視する、「磁北（じほく）」「真北（しんぽく）」とはどういうことですか?

回答・・気学で問題にする「気」が、地磁気の影響を受けているために、地球上の磁気が重視されるのです。移転の方位や家相の間取りの方位などは、すべて真北ではなく、磁北を使います。磁北とは北半球で磁場の集束する北磁軸極を指す方位のことです。日本など北半球では、磁北をもって「気学方位の北」とします。これに対して、真北とは地球の地軸（回転軸）の北を意味しています。これは地磁気とは関係がなく、従って「気」に何の関係もありませんから、気学での北とはしません。市販の地図や家の設計図は、通常、真北で表示されています。真北から磁北をもとめるのには、当会が発行している『気学開運手帳』の「偏角度表」を参照して、補正する必要があります。

【質問10】

気学では、磁石はどのようなときに使うのですか?

回答・・磁石は、家のそれぞれの間取りがどの方位にあるかを知りたいときに使います。但し、家の間取り図があり、その図面の隅にN（北）を示すマークがあれば、それを使えば磁石は使う必要がありません。図面上で間取りの中心（宅心）を求め、間取り図の北のマークを図面の宅心まで平行移動させます。そしてN（北）マークが真北を示しているかどうかを確かめて(間取り図のNは大半が真北です)、真北表示であれば関東地方の場合は、図面上で西へ7度ずらして磁北線をひき、それを家相盤の北にあわせて方位の分界線を引きます。間取り図に「北」の表示がない場合は、図面から宅心を求めて、実際の間取りの宅心に該当する位置に磁石を置きます。次に磁石の針が指し示す北の方位を間取り図に記入し、宅心と結んで磁北線とします。最後に、この磁北線に合わせて家相盤を置き、八方位の分界線を引きます。なお、この場合、磁石の針が示す北がそのまま磁北ですから、偏角の補正は必要ありません。

【質問 11】

気学の八方位の区分には、流派によって45度の正八角形と、東西南北が30度、その間が60度の区分のものがありますが、何故このような違いがあるのですか?

回答‥流派の違いというより、易・陰陽道系統の暦本では、45度八等分の方位区分を採用しているケースが多く、気学書の大半は30度60度の方位区分を使います。これを一般的に十二支盤といいます。この30度60度の方位分界は、園田真次郎氏の経験と検証によって成立し、伝統的な45度八等分法を改められ、普及したものです。但し、聖法氣學會では移転、旅行などの方位の場合は十二支盤を使い、家相の場合は45度、八等分の家相盤を使います。

【質問 12】

吉方を使ったり凶方を犯したりした場合、それぞれの現象が現れるのはいつ頃でしょうか?

回答‥気による現象ですから、例えば、解熱剤の薬のように二日で熱が下がるというような明確な日数や時期はありませんが、原則として四ヶ月(年)後、七ヶ月(年)後、十ヶ月(年)後とされます。また、気の作用の根本を示しているのが後天定位盤ですから、後天定位盤の変化線上に本命星が回座した年、あるいは月に現象することが多く、次に、行動を起こした年や月の方位に再び本命星が回座した時、(従って九ヶ月後、九年後)ということになります。

【質問 13】

受験する場合、自宅から受験場が月盤、あるいは日盤で暗剣殺になってしまう場合、結果に影響するでしょうか？

回答・・受験場に数日間泊まり込みで試験を受けるのでなく、日帰り、あるいは二〜三日でしたら、三碧木星、あるいは六白金星、九紫火星の御神砂を身につけて試験場に向かって下さい。

【質問14】

時刻盤は、どのくらい重要視するべきものですか。

回答：：御神砂とりでは重視しますが、一般的には、取引、とくに不動産、金融関係で、気学の心得のある方が、契約などの場所の方位や時刻を決めるために使う場合があります。

【質問15】

陰遁、陽遁というのは、どのくらい重要視するべきものですか。

回答‥まず、陰遁は日盤の中宮の九星が、例えば九紫火星↓八白土星↓七赤金星というように逆進していくことで、陽遁は日盤の中宮の九星が、一白水星↓二黒土星↓三碧木星というように順進していくことです。陰遁期、陽遁期はそれぞれ一八〇日ずつから構成され、三六〇日でリセットされます。このような日盤の仕組みを理解して日々の九星方位を重視するのは、御神砂とりの場合です。つまり吉方位を月盤と日盤で揃える場合です。その他、不動産などの契約などを行う際、契約場所が日盤上の吉方位の日に契約を行う、と決めている業者もいます。なお、年盤を重視する移転、月盤を重視する入院などの場合に、日時が自由に選択出来るのでしたら、日盤でも吉方位になる日を選ぶのはいうまでもありませんが、日の凶方は方災切りの御神砂を使うことによって、影響を切ることが出来ます。

【質問16】

気学でいわれる太極とは、どのような意味でしょうか?

回答‥気学でいわれる太極とは、各個人が、四十五日以上一定の場所で連泊した結果、成立する「本命星の場（方位の原点）」をいいます。また、ここから展開して、家相の場合には家（マンションならば、専有しているエリア）の宅心をいいます。各個人にとっては、各自の方位の吉凶を判断する原点となりますから、大変重要な意味をもっています。

【質問 17】

土用の時期にどうしても敷地内の配管工事にあたってしまうのですがどうしたら良いでしょうか?

回答‥土用に入る前に、着工することが必要です。もし、その工事が土用期間に入って続いても、土用の入る前に着工していれば心配ありません。

【質問18】

凶方位をつかった場合、四十五日以上連泊して「太極が定まる」場合と、四十五日未満の連泊の場合とでは、凶意の軽重など、どのような点が違うのでしょうか?

回答:いずれであろうと凶方へ移動して宿泊すれば、たとえ二日間であろうと、十日間であろうと凶方を使ったということには変わりがありません。勿論、滞在日数が短ければ凶意の強さは小さく、長ければ大きいということになります。たとえ四十五日間の途中で、盤が変わることによって、連泊している方位が途中で凶方ではなくなっても、四十五日間の連泊を開始した時点で凶方位であれば、最初と同じ方位での宿泊を続けることは、太極が定まることになり、凶方の気が、その人に太極として根づくということになります。逆に、吉方に四十五日間連泊すれば、吉方の気が根づくのであり、ここに吉凶両面において「太極が定まる」という意味の重要性があります。「太極が定まる」ということが重視される理由としては、太極が定まってしまった後で、凶意による方災を切るために御神砂を使おうとするとき、太極が定まる前なら従来の方災切りの御神砂を即座に使えますが、方位の原点である太極が移動したために、吉凶の方位が変わってしまい、すぐに新しい自宅からの御神砂を入手することが難しい場合が多いからです。あるいは、四十五日以上の連泊というのは、大半が移転の場合であり、この場合、生活上の諸事情から、即座の吉方再移転が難しい場合が多いという理由もあります。

【質問 19】

移転するとき、太極が新居に移転するには四十五日間以上の連泊ということですが、何故ですか？

回答・・四十五日間の連泊で太極は移動します。というのは本命の気と新しい方位の気とが良くも悪くも、融合し合うのに、自然の気を節目とする日数を要するということです。季節の気の動きの節目は、一年で七十二回（候）、一回（候）は五日間とされています。その動きの最少単位である一候（五日間）と数の最大が九であるところから、四十五日間の連泊をもって本命星の気と新しい方位の気とが融合されるのです。

【質問20】

祐気どり、御神砂とりは遠ければ遠いほど、効果の強い気が得られるのでしょうか?

回答・・御神砂は、自宅から十二キロメートル以上はなれている神社であれば、それ以上の距離があっても、なくても御神砂が含む気の強さに関係はありません。あとは、本人の納得度の問題で実質的な差はありません。

【質問21】

何故、御神砂とりをかねた祐気どりは神社でなければならないのでしょうか?

回答：神社は原則として気のエネルギーが高いスポットです。原則というのは、人物を祀っている神社が多数あり、このような神社はこれに該当しません。生々の気のエネルギーが高いエリアは、古来より先達によって見つけ出されたもので、神社はこのような場(所謂「結界」)に設けられています。従って、気学は神道と違い、そこに祀られている神さまによって所願を使い分けるのではなく、生々の気のエネルギーの強さを求めているのです。これが大前提です。しかし、だからといって、所謂「パワースポット」のように、神社であれば「いつでも、誰にでも吉」というレベルの気が目標なのではなく、その月で最も高い気のエネルギーが展開する時刻と自宅からの方位が合致する神社へ赴いて、祐気どりをするのです。このようにまず、生々の気の結界であること、が大前提となっていて、それについで、時刻と方位が合致すること、という条件を満たしたとき、はじめて御神砂とりをかねた祐気どりが可能となるのです。

【質問22】

どうしても御神砂を頂ける神社がない場合には、どうしたらいいでしょうか?

回答‥もし、見つからなければ、自宅からの方位を確認して、その都道府県の神社庁にその方位にある神社を探してもらって下さい。やむをえない場合、公園、樹林などでどうか?という質問もありますが、神社の結界の外であるということになりますから、中止するのが賢明です。必ず、天道、生気のエリア内にある神社に祐気どりに行くことを薦めます。

【質問 23】

御神砂について宮司様の理解がない神社での御神砂とりは効果と関係ありますか?

回答・・祐気どりという行為は、あなた自身の本命星と天道、生気の気との極めて個人的な関わりです。極端にいえば、宮司様は交代する場合もあるのですし、巫女さんはアルバイトのケースもあります。神社のスタッフが気学や祐気どりに理解がなくても、あるいは無知であっても、神社自体に気の結界があるのですから、御神砂とりができます。

【質問24】

土用の期間や月盤で五黄土星が中宮のときでも、御神砂とりはできるでしょうか？

回答・・できます。土用を避けるのは、自分の敷地内をいじるとき、五黄土星中宮を避けるのは、自宅をいじるときと、敷地内の土をいじるときだけです。

【質問 25】

自分の本命星が回座している時でも、その方位への祐気どりができますか？

回答：できます。本命殺や的殺を考えての質問でしょうが、天道、生気は本命殺や的殺を越える強さをもっています。

【質問26】

御神砂の使い方、保管方法、処理方法について教えて下さい。

回答：①御神砂の使い方は、本命の気の活性化を目的とする場合は、自分の本命星に相生あるいは比和の御神砂を布団の下や服のポケット、ハンドバックなどに入れて持ち歩いて下さい。祈願の成就を目的とする場合は、御神砂とりの際に配布されるプリントに従って、自分の家の定められた周囲（但し模範方位ですから、環境がそれが難しい場合には、頂いた神社の方位と両鬼門）に撒くか、あるいは自分だけの願い事でしたら、自分の部屋の隅に置くことです。勿論、この場合も、御神砂が本命星と相生か比和の場合は自分の身につけることが望ましいことは言うまでもありません。家の周囲や部屋の四隅に撒く、置く場合は、家、あるいは部屋に住む人の本命星と御神砂との相生・相剋は関係ありません。できるだけ御神砂の量を多くし、鮮度の新しい御神砂を撒けば、効果を最大限に出すことができます。

②保管方法は、ガラス瓶、あるいはプラボトルに密封し、日陰に置くこと。気の有効期間は二～三年です。

③処理方法は、御神砂をまとめてビニール袋にいれ、近所の神社の境内に戻すか、公園の樹木の周囲でも結構です。

【質問27】

気学の盛衰運気に盛運期として坤宮からの第一期から第四期まで、衰運期として乾宮からの第一期から第五期までとなっていますが、このように段階的にハッキリと運気がアップしたり、ダウンしたりするものですか？

回答：一期から四期までの盛運期の区分、一期から五期までの衰運期の区分は、運気の推移をわかりやすくするための便宜的なものです。一期→二期→三期と運気が直線的に上昇したり、あるいは、直線的に下降するわけではありません。むしろ、衰運エリア、盛運エリアのなかで、それぞれ回座する宮によって、衰運、盛運の現象の内容がかわるというのが実際です。

【質問28】

運気と方位では、どちらが影響が大きいですか?

回答：いうまでもなく、吉凶判断の際に運気も方位も吉であれば、ベストですが現実はいろいろ制約があって、なかなか両方を満たすことができません。そこで、一者選択という場合には方位を優先します。例えば、結婚時期をきめる際、ふたりの運気が良い時期を待っても、ふたりが新居に入居する時期が実家からみて五大凶方になってしまうのであれば、むしろ新居の方位がふたりとも吉方になるときに式をあげることです。あるいは新居移転を挙式とを切り離して、移転方位を優先する方法もあります。

【質問 29】

小児殺方位を避けるのは、何歳まででしょうか?

回答・・十才までは小児殺を適用するというのが原則です。しかし、風邪を引きやすい子供、体力のない子供は十二才位までは小児殺方位を避けるか、あるいは御神砂を使って方災を切るという工夫をして下さい。

【質問30】

自宅の敷地内ではなく、飛地として所有している自分名義の空き地にアパートを建てようとする場合、気学からの注意点は何ですか?

回答‥自分の名義の土地でしたら、着手する時期と方位の吉凶判断は、五黄殺、暗剣殺、歳破を避けるのが原則です。但し、敷地内ではなく飛地ですから、事情によっては方災切りの御神砂を使うことで対応は可能です。なお、敷地内の方位は家相盤で飛地や遠隔地の場合は、方位盤を使うことを間違えないようにして下さい。

【質問 31】

月盤で五黄土星と天道、あるいは生気が共在している場合、この方位は、可もなく不可もない方位として使う事ができると理解してよいですか?

回答・・算数のように、吉(プラス)、凶(マイナス)、イコール「ゼロ」というわけでありません。五黄土星に向かうということは、本命星がなんであっても、本命殺を犯すのと同じで、自滅、崩壊に代表される五黄土星の凶作用をうけます。月盤上で天道、生気方位の気エネルギーは、五黄殺に勝るものの、吉作用は大きく損なわれます。従って、天道、生気と五黄土星が共在する場合は、吉効果は期待できません。

【質問32】

暗剣殺と破とは、五大凶方のひとつですが、違いは何ですか？

回答‥暗剣殺は五黄土星回座方位の対冲の座にあって、原則として、外部からの強い災をうけるとします。これに対して破は十二支に基づく凶意で、境遇や計画ごとをつぶす凶意があります。

【質問 33】

方位の吉凶をみるとき、月命星も関係しますか?

回答‥本命星のみで吉方である場合と月命星もそろって吉方とでは、理論上では、わずかですが違いがあります。理論上わずかというのは、月命星にとっての凶方が作用として感じとれないということです。従って、御神砂を使えば月命星にとって凶方であっても凶作用は現象しません。

【質問 34】

都合で移転しなければならないのですが、会社の事情や子供の学校の問題などで、家族四人の本命星（二人の子供は月命星）にとって、移転先が吉方となる時期まで待つことが出来ません。どうしたら良いでしょうか？

回答：理想的な解決の方法は、凶方になる家族は方替えを行うことです。但し、方替えの難しい点は、一人住まいや夫婦のみの場合は方替えも可能ですが、家族に学童がいる場合は、子供だけの方替えができないのが実情でしょう。この場合は、両親の本命星の吉方、それが無理でしたら夫婦のうち、生活主の本命星の吉方を優先して下さい。奥さんと子供は、別途奥さんの本命星の吉方のときに、時期をずらして移転して合流する方法もあります。それが無理でしたら、移転前後の祐気どりで、便宜上の対応となります。

【質問 35】

月命星で方位の吉凶を判断するのは、何歳までですか？

回答：「未成年の場合は月命星を使う」とします。但しこれは、あくまで目安で活断（実際鑑定）の場合には、依頼者の心身の実情に近づけます。二十才以上は、本命星としての社会的環境に囲まれますから問題はありませんが、十八才、十九才は原則として月命星を基準とし、親元を離れて自活していれば本命星を基準とします。

【質問36】

方位と家相とではどちらを重視すべきでしょうか?

回答‥どちらも重要で、甲乙をつけることはできません。但し、凶方位、あるいは、凶相の場合の現象の現れ方には違いがあります。方位は、吉凶いずれにしても、その方位を犯した人間(個人)に表れるのに対して、家相の吉凶は、その家に住むいずれかの家族に現象するということ、現象するまでの期間が方位よりも家相の方が遅いという傾向があること、凶意の強さは同等であること、などが言えます。

【質問37】

昭和後期の家相盤で、大気中和圏というエリアを設け、八方位のそれぞれの分界線の両側5度づつ、計10度の範囲はトイレをはじめ、何を設置しても可である、という珍しいものがありました。これはどのような意味ですか?

回答：この家相盤は都内の建築業者達が、施工主から家相を聞かれて困るため、ツテのあった立川市の大道易者に作成を依頼したものです。その盤は各分界線の片側5度ずつ、左右で10度の範囲を「両大気中和圏」と名付けて「その範囲には何を設置しても可」というのが特徴ということになっています。しかし、このような大気融和圏などというものは、気学でも家相でも言葉自体がありません。おそらく、一部の気学本で、「方位の分界線の左右7.5度ずつは、気が安定しないので、このエリアの方位を使うことはすべて凶」という珍奇な解説があり、これにヒントを得て、数値は異なりますが、建築業者にとって有利なよう「何を設置しても可」としたと思われます。他方、関西の気学者で某建て売りメーカーの顧問になって、「鬼門を恐れるのは迷信。鬼門にバス、トイレを設置しても可」という説を唱えているのもこれに類似しています。結論から言います。要するに、そのような家相盤は珍品ですが、根拠のない誤った家相盤であり、家相論ということです。

【質問38】

西に位置する風呂場を改修したいのですが、その際、何に気をつければよいですか?

回答：西方が三大凶殺（五黄殺、暗剣殺、破）と年盤、月盤で、家族の本命星が回座しているとき、さらに、五黄土星が中宮の年、月は避けて下さい。

【質問39】

家相で仏壇の位置を東向きとされていますが、それができない場合の方法を教えて下さい。

回答‥仏壇の向きと気の作用とは、何の関係もありません。従って定められた方位はありません。西向きという説もあり、これは西方浄土信仰に基づいているようです。南向きという説もあり、結局、気持ちの問題です。

【質問40】

枕元に本命星と相生の御神砂を置くと、エネルギーが活性化されるということですが、主人と本命星が違うため、主人にとっては相剋となってしまうのですが、どのように置いたら良いでしょうか？

回答・・気学の基本どおり、それぞれの本命にとって相生の御神砂を敷き布団の下のそれぞれの肩の位置において下さい。それで大丈夫です。気について正しく理解できれば、難しい問題ではありません。（本書〔完全版〕『気学の真髄』参照）。

【質問41】

九星の象意のなかに職業という項目があり、例えば、一白水星の職業の項目にクリーニング店、酒屋などと書いてありますが、これは本命星が一白水星の人は、この象意の職業が適職ということでしょうか？

回答・・本来は、一白水星の気の作用・現象の意味であり、例えば、日盤で一白水星の回座方位へ行くと、クリーニング店や酒屋など水に縁のある事象が目に入るということで、適職を示しているわけではありません。適職を見るのでしたら、例えば、二黒土星の女性でしたら、介護士や保母さん、というように、本命星の気質から職業を把握する方が的確です。

【質問42】

人間の気質を構成する気としては、本命星、月命星、傾斜星、蔵気などがありますが、ふたりの本命星が違っていても他の星が共通していれば、タイプが同じと言えますか?

回答:タイプの相違を見るのでしたら、本命星が異なっていても、月命星と傾斜星、蔵気が同じであれば似たタイプとなるケースがあります。

【質問 43】

本命星と気質の関係について教えて下さい。

回答・・本命星というのは、その人が生まれてはじめて体内に吸い込んだ気であり、その年、一年間、地上の中央で支配している九星の気のことです。つまり、その年の中宮の気がその人の本命星となり、方位、運気の原点となります。そしてこの本命星と月命星がその人の気質の生地となります。そこに傾斜星、蔵気などが染みこんで気質となるわけです。その生地には例えば麻、木綿、化繊等々のように、九種の材質（九星）があります。その材質と染色は共通していますが、出来具合はそれぞれ個々に微妙な差があります。従って、傾斜星や蔵気などによって、生地による染みこみ方の濃淡や風合いの違いが生まれます。このように共通点を見ながら、生地と染色の具合を個別に推し量るのが鑑定になります。これに対して性格というのは、気質が躾、経済的、学歴などの生育環境によって、外側から形成される後天的な性情をいいます。

【質問 44】

九星には、数の象意があります。例えば、九紫火星でしたら、二と七ですが、このような象意の実生活での意義はありますか？

回答‥数の象意は、土地や建物など不動産の売買、大きな買い物のときの値の交渉などの際に現象します。例えば、年盤や月盤で九紫火星回座の方位の物件を購入する際、相手の購入希望価格が一九〇〇万円であったら、二〇〇〇万を落としどころとして、売値の交渉を始めるということです。

【質問 45】

巻（書店や神社の境内など）で販売している暦には、高島易断〇〇閣などと記載されて、多種の暦本が販売されていますが、それぞれどのように違うのですか？

回答‥高島易断という言葉を共通して使っているのは、幕末明治期に活躍した大易者である高島嘉右衛門の系統をうけついでいるようなイメージを与える目的があるからです。高島嘉右衛門は様々な所行を経験し、明治の政財界に知られた実業家です。破天荒な人生を送り、牢獄に入った経験もあり、その牢獄で「周易」を読みふけり、易断に開眼したといわれています。明治の政治家、伊藤博文とも親しく、伊藤がハルピン方面へ視察に出かけるとき、占断して「大凶」という卦を得て、視察をやめるように説得しました。しかし、伊藤は振り切って出発し、ハルピン駅頭で、朝鮮独立運動家の安重根に暗殺されたというエピソードが知られています。ここから「易聖」と称えられ、「高島」が占断のブランド名となっていきました。後に勝手に「高島」姓を名乗り、商売するものがあらわれ、今日に至っています。なかには、高島嘉右衛門の肖像を掲載している暦本もありますが、高島嘉右衛門は弟子や後継者はつくりませんでした。「高島易断○○閣」と銘打った暦本は、「○○閣」「○○流」と名乗って暦本の販売、鑑定で生業としている業者が大半です。中身の暦の部分は当然ながら同一であり、暦本体の前後の部分は暦や習わしについての雑知識が百科事典的に紹介されており、業者はここの部分で互いに差をつけています。なお、これらの暦本の個人著者名は不明であり、なかには霊感商法などで消費者団体から「要注意団体」とされている業者もあります。神社境内で販売していたり、あるいは、年末になると書店に平積みしてあるため、権威があるように錯覚しやすいですが、暦本（カレンダー＋暦雑知識）としてつかうのは便利ですが、大半は運命学会ではなく、暦販売業者です。

【質問46】

巷で販売されている暦本には、さまざまな吉凶神が一括して紹介されていますが、どこまで信頼していいのでしょうか?

回答‥経験的に検証して納得できるものを採用するのが基本です。検証とは、論理学でいう、演繹(えんえき)法ではなく、帰納(きのう)法によって出す結論のことです。演繹法とは、最初に法則(吉凶の決め事)ありき、ということで、何故、それが吉凶になるのか?の原因や理由については全く触れません。それとは逆に、帰納法とはいろいろな実際のケースを集めて、吉凶の結果が共通している場合に、それを所謂「吉凶神」として吉凶判断の要素と定める方法です。聖法氣學會では、暦本に掲載されている多数の吉凶神のうち、天道、生気、破など、帰納法によって検証されたものだけを採用しています。暦本に記載されている吉凶神のうち、大半は陰陽道(おんみょうどう)によって、検証なしにつくられたものです。

【質問47】

巷で販売されている暦本に、墓相についていろいろ書いてありました。お墓は私たちの運命にどの程度影響するのですか?

回答:お墓を放置しないで綺麗に保つということは、気学でなくとも常識の範囲のことです。
また、気学では、家相は外気と区分された家の中で住むので極めて重要ですが、墓相については、気とは無関係であり、従って気学では関わりません。但し、新しく墓地を求めるとき、あるいは、修理するときは、少なくとも年盤のうえで、自宅からの方位の吉凶判断が必要となります。

【質問48】

事情があって、お墓を移転させたいのですが、注意する点は何ですか?

回答:お墓の移転の着手日が、自宅からみて、年盤、月盤の三大凶方(五黄殺、暗剣殺、破)を避けて下さい。自宅の敷地内でなければ、土用は心配する必要はありません。

【質問49】

祐気とりとパワースポット巡りとの違いを教えて下さい。

回答：パワースポット巡りというのは、「由緒のある寺社や由来をもつ自然景観の名所には、強い気（パワー）が出ている」という解釈のもとに、日時、方位を問わず、その場所（スポット）に行くことです。これに対して、気学の祐気どりは、方位と場所（神社）と月・日・時間が決められています。つまり、自宅から、どの方位にある、何という神社の気が、年月日の何時の時間に最もエネルギーが強くなるか、を気学による暦が教えてくれるのです。そして、その時間にあわせて、その神社に参拝して、最も強い気のエネルギーを心身に取り込み、あわせて、その神社の境内に展開している気をふくんだ砂（御神砂）を、頂いてくるのが祐気どりというものです。

【質問50】

気学と宗教との違いを教えて下さい。

回答・・気学は自然現象や人事現象などを通じて「生々の気」というエネルギーの動きを把握し、それを応用する運命学であり、気学では吉凶を後天定位盤と遁行盤を使って読みとるものです。従って「気の本体は何か?」あるいは「気は絶対善なる者」などは関心なく、問題にしません。これに対して、宗教は、現象の奥(あるいは根底)「現象を支配する者」あるいは「絶対者」などを求めて、それを信仰の対象とするので、この点で気学とは根本的に異なります。

第五章

［完全版］気学の真髄

＝気とは何か＝

1

大正・昭和前期に一世を風靡した園田氏の気学を再検討し、その矛盾を洗い流して、どのような批判にも耐えうる気学を構築することは、主な活動時期が平成であった私にとって、最大の課題でありました。平成三十年という平成最後の年の前年に、「気学の真髄」を完全版として出版できることは、このような意味で時機を得たものと自負しております。

さて、この論文は、気学の核心である「気」の正しい理解に基づき、五黄土星と大凶方である五黄殺の意味の重要性を明確にすることを目的としています。ですから、五黄殺の凶意を軽く見ることを論じているものではないことを、誤解のないようハッキリと述べておきます。

そもそも、気学は、移転方位の吉凶、家相、運気の九年周期、あるいは私たちの気質の特徴を把握するなど、生き方の方向を示してくれる実用運命学です。ただ、使い勝手がよく、古くから世間にポピュラーとなっていたために、その間に迷信や思い込みなどが入ってきて、過去の先達が構築した気学は手垢にまみれ、土台が腐食しているというのが現状です。また、時流に乗ろうと、無定見にも、風水と気学を結びつけて「風水気学」などと名付けた、安易な書籍まで次々と出版されております。現在、気学の啓蒙書を通じて名前が知られている方々は、気学の正統性のルーツとして、園田真次郎氏（一八七六〜一九八一年以下、園田氏と略す）の孫弟子を名乗る方々が多いことはご承知のとおりです。気学に関わっている方ならば、園田氏が大正・昭和前期における気学の第一人者であるということに異論はないと思います。しかし、園田氏が物故されてから、すでに五十年以上を経ていますが、この間、気学の啓蒙書、入門書は数多くあっても、園田氏のように、気学とは何か、あるいは、そもそも気学でいう「気」とは何か、ということを正面から論じたものは、ひとつもありません。もちろん、入門書、啓蒙書の類いでも、気学の流布には一定の功績はあるでしょうが、気学の真骨頂を理解し、それを後世に伝えているとは思えないのが実情です。その理由は、現状の気学では、五黄土星の作用と象意の区分、さらに五黄土星と五黄殺との区分が曖昧である、ということにあります。ことに、五黄殺は大凶方ですから、五黄土星とそれに基づく五黄殺との区分は、気学において最も重要な問題と言っても過言ではありません。この点で園田氏の気学について正面から扱った論説は、本稿がはじめてであると思います。

ところで、園田氏以降のどの気学の書籍を開いてみても、五黄土星の象意として書かれているのは、おおよそ以下のようなものです。ここに一覧として列挙すれば、事象面では、腐敗、土化、暴欲、古い、殺害、残虐、殺意、強欲、廃棄物、絶望、失職、破産、心中、毒殺、万物の死、塵埃、再発、そのほか、大波乱、大災害、大変化、殺人、死体、腐敗、汚物などが、人象面では強盗、凶悪人、高利貸し、皇帝、頭領などです。ところが、気質面になると、自己中心、粘り強い、気短さと忍耐力の両面をもつ、負けん気が強い、実業家、政治家肌、どん底から這い上がって出世する力量がある、などとあります。このような五黄土星について、園田氏以降の諸先輩方は、どのような解釈、説明をしてきたか、いくつか紹介をしてみます。

例えば、園田氏に直に師事した佐藤六龍氏が、昭和三十五年に出版した『気学方位活用秘伝』（悠久書閣刊）では、「この自然界において一番影響の大きな土の作用を持つのが五黄でありますから、前記のように九星中、特別あつかいをするするわけです。そして、この五黄土星の強い力、勢いという意味から『強い、中央、帝王』などの意味がでてきますし、土性の変化、それも良い変化というより腐敗作用の変化を主にして「悪、死、滅、腐敗、壊乱」のようなあまりよくない意味が生まれてくるわけです」（62頁）と述べて、五黄土星の作用・象意を「悪」としてとらえています。その後、佐藤六龍氏は亡くなるまで、幅広く東洋運命学についての書籍を出版し、講座を開いていましたが、晩年になって『方位学の真髄』（香草社刊）という著書を出版されました。しかし、ここでも、五黄土星について「五黄星は腐敗作用・自壊作用・自滅作用を司る星です。・・・ここから強い支配力（わるい意）とも考えられます」（229頁）とあり、依然として五黄土星の定義をマイナスの面からのみ捉えています。いずれの著書でも、「強い支配力」として五黄土星の特徴にふれながら、意味は「凶意」だけに制約しています。

さらに、五黄土星の作用を「生む」としながら、現象面では、上記のように腐敗滅亡の類いしか述べられておらず、本当に、五黄土星の「生む」の意味を理解しているのか、あるいは、園田氏の言葉をなぞっているだけではないのか、と疑わしくなるような解釈も見られます。園田氏以降、五黄土星の本質についてプラス・マイナスの両面に触れたものとして、観象学人氏の著『気学の神秘』があります。ここでは、五黄土星について「この星は九星定盤の中央に定座する、いわば九星の中心をなす強力な星であります。したがって易象八卦以外の説明を要する星としてあつかいます。すなわち他の八星を支配する強力な「王」の星というべきで、万物を生成育成するのも、壊乱、破滅の威力を発揮するものも、この星であります。普通は最も強運な星とみなします。」（61頁）と述べています。壊乱、破壊という大凶作用とともに「万物を生成する作用」「強運な星」と指摘しているところは、後で明らかにするように、かなり五黄土星の本質に迫っており評価できます。但し、八星以外であるから、「易象八卦以外の説明が要する」としか指摘しておらず、その理由も五黄土星が万物を生成する作用をもつのは、「中央に位置しているから」としてしかふれられていません。また、象意としては、やはり全滅、汚物、殺傷などすべてマイナスの象意で占められています。さらに「昭和三十九年度は九紫中宮の年で北方位に五黄殺が回座しています。」（同168頁）という言葉をみると、「五黄土星が北方位に回座しているので、北の方位を使うと五黄殺を犯すということになる」と言うべきところを、いきなり「五黄殺が回座しています」

といっています。

以上の例からわかることは、園田氏以降の諸先輩方は、五黄土星と五黄殺とを混同しているようであり、観象学人氏も、果たしてどこまで五黄土星を正しく理解していたのかが疑われます。事実、五黄土星が後天定位盤の中央に位置しているところから、皇帝、頭領という作用や象意があるのはわかりますが、「どん底から這い上がって出世する力量がある」という気質が、ネガティブ一色にしか把握しようとしない五黄土星の象意から、どのように導きだされるのか、あるいはどのように結びつくのかが理解ができません。つまり、「リーダー」や「頭領」などという人象と、極悪人、強盗、高利貸しなどの人象との整合性のなさを感じます。

このように、従来大半の気学では、五黄土星の作用も象意も、主に、負（マイナス）の面だけが取り上げられていて、正（プラス）の面についてはほとんどふれられていない点、さらに、五黄土星を負の作用に限定してしまうと「どん底から這い上がって出世する力量がある」とか、負の象意だけ羅列しているのに「強運の星」というのでは辻褄があいません。まず、この点に大きな疑問を感じるのです。このような理由から、五黄土星と五黄殺との真相を明らかにするということは、園田氏が果たし得なかったために大きな宿題になっているのです。

さて、この課題を解くためには、まず、気の働きは、「作用」であるため目には見えない、ということ、これに対して、気の象意とは気が作用した結果、即ち、現象（認識による現象の意。以下同じ）、これは目に見えるということ、この両者の違いをしっかりと区別して考えることが必要となります。事実、園田氏も「天地間に其の精神があるから、萬物が腐敗するもの、腐敗して行く品物其の物を指して、五黄土星の本体と見てはいけない。腐敗せし諸物は、五黄と云う気に支配せられて腐敗するものであるから、腐敗物を直接の五黄としてはならぬ。」（『方象講義録　五黄土星』19頁）と述べて、五黄土星と五黄殺との作用と象意を区分して考えていることがわかります。この指摘は誠に正しく、とくに五黄土星を解釈する場合には、五黄土星の気の作用と、作用した結果である象意とを区分して考えることが必要です。気学における気（九星）の作用と現象とは、ここをしっかりと理解しなければなりません。園田氏に従えば、五黄土星の気は「土は物を腐敗させる」という作用をもち、その作用によって、腐敗物という目に見える状態になることが、五黄土星の気の現象であるとされています。

2

そもそも五黄土星の作用や象意がマイナスのイメージだけに偏ってとらえられるという原因は、五黄土星が特殊な星であること、そのため正しい解釈が確立できていないためであるからです。また、後で詳しく述べるように、五黄土星の作用、象意に正＝プラス、負＝マイナスの両面があるといっても、それは我々人間が価値的に正、負、具体的に吉凶禍福と受け止めるからであって、五黄土星の気が、吉凶禍福、是非善悪の作用をもっているわけではありません。

さて、五黄土星の気が、大災害、極悪人、強盗などの象意をもっているのなら、五黄土星を本命星とする人は、あえて言えば、「強盗や殺人を犯しやすい気質」の人、「泥棒になりやすい気質」の人ということになるはずですが、そういう人象例は諸先輩方のだれも挙げていません。それどころか、この問題についての説明も見当たらないのが現状です。むしろ、すでに述べたように、園田氏の後継者とされる人々は、五黄土星について、負の価値、マイナス・イメージのみを強調し、五黄土星と五黄殺とを同じように説明しているのが実情なのです。もし、気学の初心者が五黄土星の作用や象意をこのように偏って解説する書籍を読めば、五黄土星とは結局は五黄殺のこと、と思い込んでしまうのではないでしょうか。このような状態が続けば、今後も、五黄土星と五黄殺とは正しく解釈なされないままになってしまうでしょう。

勿論、これほど神経質にならず、五黄土星と五黄殺との解釈が混同されていても、方位の吉凶判断では、五黄土星回座の方位を使うことは五黄殺になる、ということさえ心得ていれば、致命的な問題ではないと思うかもしれません。しかし、後で述べるように、運気の判断（後天定位盤中宮同会期の運気判断、あるいは、年盤の五黄土星との同会期の月運判断）では、五黄土星と五黄殺との相違をしっかり理解していないと大きな誤りを生ずることがあるのです。従って、気学を後世に正しく継承しようという者にとって、五黄土星と五黄殺の関係は大きな問題であり、見過ごすことはできないのです。

先ほど、園田氏は五黄土星の気の作用とその結果の現象を区分していることを紹介しましたが、さらに、後述するように、園田氏は五黄土星が是非善悪の両面をもっていることも、述べているのです。このように五黄土星を解釈する端緒をつけた点が、園田氏が気学界に残した最大の功績であったといえるのです。ただ、気学の根本の考え方において、園田氏自身の解釈が不徹底であり、そのために論旨に不整合な部分があること、さらに園田氏が端緒をつけた五黄土星の研究が後継者に受け継がれてこなかったために、この不整合がそのまま残り、ついには、五黄土星と五黄殺との区分さえも全く曖昧になってしまったのです。

これが今日の気学にとって解決すべき課題として残っているといっても過言ではありません。そこで、ここでは園田氏が構築した気学を明らかにしつつ、さらに園田氏が達しえなかった気学の真髄を闡明することを課題としたわけです。

以下に引用する園田氏の資料は、『氣學大全（上、下巻）』『方象講義録　五黄土星』を中心とし、その他については、本稿の論旨を明瞭にするために出来るだけ少なくしました（なお、園田氏の引用文にある「五黄」とは、五黄土星のことです)。

3

まず、『氣學大全　下巻』(74頁~76頁)で園田氏は、「故に五黄土星を二黒土星と同じものと見れば陰星であるが、本来は陽と陰とを兼備している星である、善と悪、生と死、二つの作用を併せ持っている。・・・・・太極の理気が発現し、作用となって表現する時には、陰陽、善悪、生死、消長の相対現象となる。この両面の作用、現象を発生するものが五黄で、後天定位の中央太極に位する訳である。五黄殺の方位を犯せば必ず死ぬと決まっているが、殺すだけが五黄の作用ではなく、生かす力も亦五黄である。土に根ざして万物は生まれ、伸び育って行く、これは土の力即ち五黄の力である。若し五黄を殺すだけの力とするならば、この全地上に棲むものは、全部五黄の上に居るのであるから、悉く剋殺されて地上の生物と云うものは無くなる道理である・・・五黄を無とし、死とするが、それは五黄の陰の働きで、陽の方の働きからすれば五黄を有とし、生とする、無より有を生じ、又有を無とする力が五黄である」と指摘し、本命が五黄土星の人については、「善悪共に強く、激情にして仲々人に屈しないのである。」、あるいは「五黄が一星にて、善悪二道を遂行すると云う理を人事上に当て嵌めると、善行者は悪心を有すると同時に、悪行者は善心を有する人間作用・・・」(『方象講義録　五黄土星』37頁)、さらに「万物の生死を主どると云うのが、五黄と云う作用であることを知るべし」(同10頁)と明確に述べています。

この文章から、園田氏は、私たち人間にとっては、五黄土星の気の作用を負の作用にだけ偏らず、生と死、善と悪のように、正負相反する両面をみていること、五黄土星を本命星とする人は、善人も悪人もいる、と見ていることがわかります。これは極く当たり前で、すでに述べたように、五黄土星を悪や負の面に偏って把握すれば、極端に言えば、五黄土星を本命星とする人は、すべて「極悪人」ということになり、現実離れした解釈になってしまうのです。そして五黄殺については、「五黄殺の悪性的暴欲・・・・泥棒や窃盗・・・・」(『方象講義録　五黄土星』25~26頁)という言葉にあるように、五黄土星の気に向かうと、人間にとって自滅、腐敗、崩壊、自死、大災害などの大凶方に見舞われる、と明言しています。では、何故、園田氏の後継者は、五黄土星の負の象意だけを取り上げ、結果的に、五黄土星と五黄殺とを混同するようにしてしまったのでしょうか。つぎにこの問題について、考えてみましょう。

4

五黄土星を正しく理解するには、まず、気学の基本盤である後天定位盤と先天定位盤について理解しなければなりません。そもそもこの二つの盤は、中国宋代の学者、朱子（1130~1200年）の著書『周易本義』に掲載されている、伏犠八卦方位図（以下、先天図と略す）と文王八卦方位図（以下、後天図と略す）を模範としています。

【朱子『周易本義』】

文王八卦方位図

		南		
	巽 ☴	離 ☲	坤 ☷	
東	震 ☳		兌 ☱	西
	艮 ☶	坎 ☵	乾 ☰	
		北		

伏犧八卦方位図

		南		
	兌 ☱	乾 ☰	巽 ☴	
東	離 ☲	太極	坎 ☵	西
	震 ☳	坤 ☷	艮 ☶	
		北		

【気 学】

後天定位盤

巽		南		坤
	四緑木星 ☴	九紫火星 ☲	二黒土星 ☷	
東	三碧木星 ☳	五黄土星	七赤金星 ☱	西
	八白土星 ☶	一白水星 ☵	六白金星 ☰	
艮		北		乾

先天定位盤

	天	
七赤金星 ☱	六白金星 ☰	四緑木星 ☴
九紫火星 ☲		一白水星 ☵
三碧木星 ☳	二黒土星 ☷	八白土星 ☶
	地	

（注）『周易本義』の伏犧八卦方位図には東西南北の方位が入っているが、気学の先天定位盤では離宮に「天」、坎宮に「地」と記されている。

これらの盤からわかるように、気学は多くの部分で易を基礎としており、易は気学に大きな影響を与えています。事実、気学の九星も、五黄土星を除いて他の星はすべて易の八卦に対応していることは、ここで紹介した盤を見比べればわかります。また九星それぞれの象意も、卦象のない五黄土星を除いては、すべて易の卦象に由来しているのです。

ただ、この朱子が掲げた後天図、先天図と気学の後天定位盤と先天定位盤とで大きく異なる点は、朱子の後天図の中宮は空白であるのに、それに対応する気学の後天定位盤の中宮には五黄土星があること、また、朱子の先天図の中宮には太極が配置されているのに対して、気学の先天定位盤の中宮は空白になっているということです。つまり、朱子の太極の配置と気学の五黄土星の配置に、易と気学の共通性と差異、もっと言えば易の対する気学の独自性があらわれているのです。以下、この点について述べていくことにします（後述するように、気学の後天定位盤は運命鑑定や家相鑑定など実践の基準盤として使われ、先天定位盤は理論盤として使われているとみなすことができます）。

5

すでに指摘したように、気学において、五黄土星は九星のひとつで後天定位盤の中宮に配されていますが、五黄土星に対応する易卦はありません。このため、「とりあえず」五黄土星の解釈については、易を手掛かりにできないということになります。しかし、この五黄土星の解釈について、大きな関心を抱き、『周易繫辞伝』や朱子の理気論などにみられる「太極」という言葉を手掛かりにして解析しようとしたのが、園田氏でした。園田氏のこのような手法は、『氣學大全上下巻』「第五章　九星解説　中央五黄土星」、さらに『方象講義録　五黄土星』などから、多々確認することができます。例えば、彼の著書『氣學大全　上巻』「第一章 総論　三、気学の組織内容」には、「宇宙天地に充ち満ちている浩然の気、大気というものは抑々どこから出ているか、電気とすればその発電所はどこになるかと云うと、宇宙大元の気、即ち気の本源を易に於いては太極と言います。・・・これは気学に於いては、太極即ち宇宙本源の元気、大気が森羅万象、万有万物の姿、形となって現れたものだと云うのと同じ事であります。・・・・要するに気学の内容としては、以上の太極、陰陽、五気五行、十干、十二支、九星と、これに易象（雷、風、火、地、山、天、沢、水、）八卦（震、巽、離、坤、艮、乾、兌、坎）を加え・・・茲に一流の運命哲学、方位哲学、家相哲学を完成したものであります」（20頁）とあって、大気というもの、宇宙の大本となっている「気」の本源は、易でいうと「太極」のことであり、気学では、この太極が形や姿となって現れたものが、森羅万象であると解釈しています。

さらに、園田氏の『氣學大全　下巻』には、「太極の理気が発現し、作用となって表現する時には、陰陽、善悪、生死、消長の相対現象となる。この両面の作用、現象を発生するものが五黄で、後天定位の中央太極に位する訳である」（74頁）とあります。つまり、陰と陽、善と悪、生と死、消滅と成長という相対的な作用が現象しているのが現実世界であり、これが、気学の太極の発現、太極、つまり五黄土星であって、後天定位盤の中宮に五黄土星が配置されている理由であると解釈しているのです。ここで、注目すべきことは、園田氏が、易の先天図にある太極と気学の後天定位盤の中宮にある五黄土星とを結びつけていること、そして五黄土星の気を太極の発現と述べていることであり、これらの点について検討していきます。

まず、園田氏がいう「太極」とは何か、ということになりますが、これについて彼は、朱子の太極論をそのまま受け継いでいるのです。即ち、朱子は「太極とは、天地万物の理に他ならない。天地についていえば、天地の中に太極がある。万物についていえば、万物の中にそれぞれ太極がある。天地が存在する以前にも、つまるところ先ず理があったのだ。『動いて陽を生ず』も理に他ならないし、『静にして陰を生ず』もやはり理に他ならない。」（『朱子語類　訳注』汲古書院刊3〜8頁）、と述べて、太極とは「理」であり、この理というものは万物と一体ではあるが、しかし万物と同一ということではなく万物の根源として、まず理が先にあったのだ、と述べているのです。

ここの「太極とは理であり、それは万物と一体であるが、しかしだからといって太極や理と万物とは同一ということではない、理は万物の根源である」ということを、朱子は別の箇所では、『理は気を離れたことはない。しかし、理は形而上（形以前）であり、気は形而下（形以後）なのだ。・・理には形がないが、気はきめが粗く質感があり、残滓がある。』（『朱子語類　訳注』汲古書院刊15頁）と言って、理（太極）と気は一体であるが、しかし、理は形而上（形以前）なので形がなく、これに対して、気は物質（形以後）、即ち、陰陽の気であり、気は即ち物質、つまり形而下（形あるもの）ということであると説明しています。それと同時に、気が作用をもち森羅万象として存在することができるのは、気の根拠である「理（原理、理法）」によっているからであり、それは、気（形あるもの）の根源となるものである、と説明しているのです。つまり、理は「形の根源」であるので無形であり、それは、形を通してしか知ることができないということです。このような朱子の論理は、『周易　繋辞伝上』にある「この故に易に太極あり。これ両儀（陰と陽）を生ず。両儀は四象（老陰、小陽、小陰、老陽）を生じ、四象は、八卦を生ず。」という言葉、及び「形而上なる者これを道と謂い、形而下なる者これを器と謂う」などという言葉に由来しているのです。この意味は「易には陰陽が生ずる根源として太極があり、陰陽の気が交わって四象という四つの組み合わせになり、さらに四象が組み合って八つの卦となる。」ということです。ここで、形而上とは、すでにふれたように、「形より上」、つまり、無形＝論理であり、形状がなく見えないもの、これに対して「形より下」という意味は有形＝形あるもの（万物、森羅万象）ということになります。

ここで重要なポイントは、朱子では先天図、気学は後天定位盤というように、異なっているにもかかわらず、園田氏は太極が先天図の中央に配置されている点に注目して、五黄土星を易の太極に見立てて、解釈している事実なのです。即ち、朱子の場合は気の根源に太極＝理が位置づけられているのですが、気学は本来、「万物はすべて気である」という立場であるため、「太極」や「理」という考え方は一切ないということ、ここが易と気学が基本的に異なる点であることを、園田氏がはっきりとは理解していなかったということなのです。つまり、気学では、すべては気からできていると考えているのに対して、朱子の場合は、気の根源は理（＝太極）であるという、という点で両者は基本的に異なるのです。この根本的な違い、即ち、「気学では森羅万象は徹頭徹尾気だけであり、朱子が言うような、森羅万象の根拠＝理＝形而上によるものではない、ということを園田氏がはっきりと理解していたのか」が重要なのです。

ここで、結論だけを言えば、そもそも、気学の気は五黄土星に代表され、それは生々のエネルギー（活力）と、それにともなう変化作用を特徴としており、しかも、このエネルギーの特性は五黄土星をふくめた九星に行き渡っているということなのです。つまり、後天定位盤の中宮に位置する五黄土星（生々の気）は、エネルギーそのものであり、方位に順って八方に展開することによって九星個別の特徴をもつことになるのです。つまりこの五黄土星のエネルギーが中央と八方位に順って方位別に配置されることによって、九星の気はそれぞれの個別の作用と現象を備えるようになるのです。

6

このように、自然と人事の万象の機微を見抜いた先達が、その結果として生々の気とその気が展開する方位によって、作用・現象が個別化されるという確信を抱き、五黄土星と八卦八星を九星として取り込んだところに、九星気学の真骨頂があるのです。例えば、五黄土星の生々の気が南に展開することによって個別化され、九紫火星の気の作用と現象となるのです。このように、五黄土星は、後天定位盤の中央に位置しており、しかも後天定位盤は文字通り「定位盤」ですから、例えば去年、今年、来年などの時間の制約や区分がなく、また、中央に配置されているために、方位の原点であって東西南北などの区分もありません。ここから、五黄土星は、乾（☰、六白金星）、坤（☷、二黒土星）・・・などの易卦、象意がなく、あえて表現すれば「生々のエネルギーそのもの」なのです。一方、時空間が限定されている年盤や月盤上、（これに日盤、刻盤を加えると遁行盤という四盤）では、五黄土星の気、即ち生々の気（エネルギー、元気）は時空間の制約をうけて、人間の場合は、すべてにわたって、生命事象では生・老・病・死などの現象に、心理事象では、欲望、エゴ、自己中心気質などの現象に、価値観の事象では、是非、善悪、吉凶禍福などの相対現象となるのです。しかも、五黄土星がエネルギーの星だけに、それらの現象は「強い変化作用」として現象するわけです。この結果、後述するように、年盤での本命星が後天定位盤の中宮（五黄土星）に同会する年や、月盤で本命星が年盤の五黄土星に同会する時期は、エネルギー＝作用＝運動＝変化をうける時期、即ち、是非善悪、吉凶禍福などが激しく展開する時期になるのです。これに対して自然現象そのものは五黄土星の気によるものではあっても、「人間にとっての」現象ではない限り、五黄殺などの凶現象というものはありません。つまり吉凶禍福は価値観をもつ人間が体験として関わる場合のみの問題なのです。例えば、五黄土星の負の作用・象意として、地震や津波などの自然災害が列挙されますが、それらは、人間にとって生命の危険、生活の危機となった場合に「災害」とされるのであって、人間が関わらなければ単なる自然の現象であり「災害（＝凶、負、ネガティブ）」とはならないのです。気学では自然観察による易を基本としているために、主に自然現象を引き合いにして象意や例題を扱いますが、しかし、気学の目的は個人の人間の吉凶禍福だけを問題としていることを、忘れてはなりません。例えば「一白水星の象意は水」というだけでは、実用的な価値は何もないのです。気学は自然現象の観察や体験を通じて獲得した「人間のための運命学」なのです。

7

ここで、気学の特徴を一層明確にするために、朱子の思想にもどることにします。そもそも、理と気を一体でありながら同一ではない、そのような理が太極（気の根源）であるとした朱子の動機とは、人間がもっている欲望という汚濁の気を克服し、その結果として、清明の気を心に実現して聖人になること、即ち、人間が完全に善なる理と一致すること、このために修養を重ねることが必要であるということでした。そしてこの目的を実現するために「理と気は別個のものではなく常に一体であり、それが事物の存在の原理である」という考え方が必要だったという点です。というのも、朱子によれば、汚濁な事物（気）や現象（気）にまみれている状態の気と一体となっている「世俗の理」をもつ人間が努力した結果、遂には聖人にあるような清明の気（欲望のない、邪悪な気持ちの全くない気）の気と一体となることができる、即ち「完全に善なる理」を体現する聖人になることができるととらえていたのです。つまり、人間の気は、日常においては欲望の世界に堕落した濁った気であり、その濁った気のために極悪非道なこともでき、あるいは、欲望に動かされて犯罪に走りやすいということです。しかも、朱子によればこの汚濁状態の気の状態でも理と気は一体ですから、理はあるとされます。勿論、だからといって、欲望による行為、極悪非道の気と一体の「理」が朱子が重視する「理」ではないのです。そうではなく、朱子が力説する理、つまり朱子が価値を認めているのは、是非善悪、清明汚濁が入り混じっている理気一体の理ではなく、理（絶対的善）の体現者、つまり「聖人」となることなのです。このように、一方では是非善悪が混在、相対している現実をも気の根源である理によるものとしつつ、他方では、絶対的な善である理の体現を目的としたのは、聖人になることの要求が、現実的であることを論じようとしたためなのです。このように現実認識と理想を峻厳に区分しつつ、同時にひとつの理気論の中で共通させようとし、その結果、論理の「ネジレ（矛盾）」を起こしてしまったところに、彼の理気論の無理と矛盾があるのです。

要するに、朱子は

（1）理を普遍・理念的なものと位置づけるために理は形而上（形を支配するもの、根源）とし、気は形而下（物＝時空間に限定されている）として区分した。

（2）しかし、同時に、理気一体、つまり形而上の理と形而下の気とは、「一にして二、二にして一」といって、理は常に気の中にあると説き、理が単なる理屈、空論ではないこと、従って、聖人になるということは、現実生活からかけ離れた到達不可能なものではなく、日常生活での修身（実践）の延長線上にあり、生身の人間が達成できる目標であるとしている。

（3）その結果、汚濁の心（気）にある理と清明の心（気）にある理とを峻別していながら、理は一つということを説くため、彼の理気太極論は矛盾を孕むことになってしまった。

というのが、朱子の理気太極論の特徴であり、矛盾点でもあるのです。このように整理してみると、理を気の根源と考えず、気がすべてであるとする気学からすれば、朱子のような理気太極論と気学とは、根本的に次元の違うものということができるのです。

結論をいうと、朱子は理気一体論によって現実世界を解釈し、このように理を説きながら、是非、善悪、美醜、好悪などの入り混じる森羅万象には「根源がある」とし、同時に、その根源に、自分の理想（理＝善）を滑り込ませることによって、「理（太極）は気より優位」という論を無理に構築したのです。その結果、朱子流の園田氏は一方では、現実は是非、善悪、美醜、好悪など相対的な「気」であると言いつつ、他方では、「五黄は太極そのものであって、絶対的存在とも云うべきものである」（『氣學大全　下巻』73頁）という矛盾した言葉になったのです。

このように園田氏は朱子の太極を五黄土星と重ね合わせ、「理気を発現するものが（相対を超えた絶対的な太極」という解釈をしてしまったのです。そして、「気だけで解釈するべき」五黄土星を時と場によっては、太極＝理＝善と解釈してしまったのです。しかも、このような園田氏の解釈について、その後の気学者のだれも、五黄土星と向き合って解釈する努力をしなかったのです。その結果、園田氏における五黄土星の作用・象意と五黄殺の作用・象意が混同されたまま現在に至り、その結果、園田氏が指摘した五黄土星が生殺を司るという重要な「生」の作用・象意までも、ほとんどふれられなくなってしまったのです。

8

これまでで明らかになったように、園田氏がいう「太極の理気が発現し・・」という言葉は、気をすべてとする気学の立場ではないということです。気学では、「気の運動（エネルギー）」によって、即ち「自発的な運動法則によって」気が集合して事象・現象となるのであって、気の動きをコントロールするような「気以外の理、あるいは理法」というものは一切存在しない、というのが気学の立場なのです。従って園田氏のように、「太極の理気が発現する」と言えば、形而上（理）、形而下（気）の考え方に立つ朱子と同様と言うことになるわけです。言葉をかえれば、形而上（つまり論理という目に見えないもの）と形而下（つまり目に見える事物や事象）とは互いに異質なものとしつつ、他方では気と理は一体のものとして考えるという、朱子の理気太極論を受け継ぐ園田氏の論法では、気学の「気」を正しく解釈することができないということなのです。

では、気とは何か、即ち五黄土星とは何かということを述べていきます。五黄土星によって他の九星が成立するというのは、「五黄土星＝エネルギー」によって成立する、ということであるのは、すでに第5節で述べました。そもそも、気の正字は、「氣」であり、その由来は人の呼吸の気、あるいは、蒸気の象形文字とされています。このことは、人の息、あるいは、熱したものから吹き上がる蒸気・熱気の意味であり、とくに後者は、「湯を沸かすと、吹き上がる蒸気が蓋を持ち上げる」蒸気エネルギー（力）という現象から類推できます。古代中国の『孟子』で言われている「浩然（こうぜん）の気」というのも、基本的には、現実世界に満ち渡っていて永遠に生成・変化・消滅を繰り返していくエネルギー（力）のことなのです。また、このエネルギーは「元気（もとの気）」ともいわれています。つまり、森羅万象が生成・変化・消滅していく作用をする、生々の気（＝

エネルギー、元気）であるという考えなのです。このように、気というものが『孟子』では、天地の間に充満しているエネルギーと考えられているのです。この気の特徴については、易にも同様な考え方が記されており、例えば『周易繋辞伝』の「天地の大徳（大いなる働き）を生という」あるいは「生生これを易という」（万物が生まれて、繁茂することを易という）という言葉などは、その代表でしょう。気学の五黄土星とは、実はこの生々気（『孟子』がいう浩然の気、あるいは元気）、言葉を換えれば、生々の作用をもつエネルギーのことであり、しかも、エネルギーは「動き」ですから、形はなく、万物万象を生成・変化・消滅させていく活動力そのものなのです。先ほどの園田氏の著書『氣學大全　上巻』「第一章　総論　三、気学の組織内容」には、「宇宙天地に充ち満ちている浩然の気、大気というものは抑々どこから出ているか、電気とすればその発電所はどこになるかと云うと、宇宙大元の気、即ち気の本源を易に於いては太極と言います。・・・これは気学に於いては、太極即ち宇宙本源の元気、大気が森羅万象、万有万物の姿、形となって現れたものだと云うのと同じ事であります。」とある「浩然の気」とは、「元気」のことであり、まさにこの『孟子』の「浩然の気」を言っているのです。実際、園田氏が言っているように、古来、「太極」は「元気」とも言われ、同じ意味で使われていました（気学では、移転の時に「太極が移る」といって「太極」という表現を使いますから、この言葉には馴染みがあります。しかし、太極という表現は、五黄土星の一面を解説するのに大変便利なのですが、同時に、園田氏にみられるように、太極を至高のものとして位置づけられている朱子学に迷い込む危険性が高く、むしろ「太極」という表現ではなく「元気」という方が抽象的ではなく、この意味で、実用・実践論である気学にはふさわしいかもしれません。気学では五黄土星の気はエネルギーそのものですから園田氏においても「元気」ともいわれるのです）。

気学を学んでいる人は「五黄土星」という言葉を聞きますと、巷間の気学に順って「腐敗の気」をイメージしやすいと思います。ですから、五黄土星を「五黄土星＝生々の気＝エネルギー」という解釈には違和感を感じるかもしれません。しかし、これまでみてきたように、気学でいう五黄土星とは、生成・変化・消滅の作用のすべてを包括する「生々たる気、元気」「エネルギー」なのです。ですから、目視では静止した状態のようにみえる現象も、実は、生々たる気＝エネルギーが作用することによって、現象を維持しているのです。事実、園田氏も「五黄土星の中央は天地の元気」『方象講義録　五黄土星』（15頁）あるいは「腐敗と云う作用は五黄であるが、腐敗した物そのものを五黄土星と見てはならぬ」『氣學大全　下巻』（76頁）と述べています。このように、五黄土星とは、「物質、物体」ではなく、それらが「あるという現象」にみてとれる「気の作用」ということなのです。

すでに、この論説の最初で、五黄土星と五黄殺とを的確に区分するためには、その前提として、作用（エネルギー・働き）と現象とを正しく区分しなければならないと指摘しました。ここで、いくつか例をあげましょう。物体が高いところから落下するという現象は引力によるためということは、ニュートンのリンゴの話でよく知られていることですが、このように落下する現象は見ることができても、引力（エネルギー・働き）はみえません。また、物と物を摩擦させると、静電気が生じてホコリが吸い付きますが、吸い付く現象はみえても、吸い付ける力（静電気としてのエネルギー）は見えません。レントゲン線（放射線の一種）も同様です。レントゲン線は高エネルギーのひとつですが、このレントゲン線が人体を貫通する際に、フィルム（画像）に焼き付けた陰影によって体内の状態を見ることができるのです。しかも、レントゲン線は、ご承知のように直接見ることはできません。また、目には見えない地磁気も、磁石を使うことによって針が北を指し、はじめて地磁気の存在が確認できるのです。これらの例からわかるように、現象（目にみえる）ということは、その現象は気というエネルギーによって成り立っているのです。眼前の森羅万象、事々物々の姿こそ、この気（『孟子』で言われている浩然の気、つまり生々の気、エネルギー、元気）の作用、働きにほかなりません。勿論、気学では、気は九種類ですが、生々の気・元気といわれる気エネルギーは九星に共通して森羅万象に展開しているのです。

9

さらに、「気」とは何か、即ち「五黄土星の気とは何か」について解説していきます。気学の五黄土星とは、野球に例えると投手が投げるボールということができます。野球では、投手がホームベースに向かってボールを投球する、つまり、ボールに「飛ぶ」エネルギーを与え、そのエネルギーによってボールはホームベースまで届くわけです。即ち、気とはボールが打者まで飛んでいく力、即ちエネルギーのことなのです。たとえ、どんなボールでも、飛ぶ力（エネルギー）が与えられなければ、ホームベースまで届かず、ボールの役割を果たさないのと同じで、五黄土星というエネルギーがなかったら一白水星から始まる九星の個性が発揮されることはなく、九星の気がないということは、人間を含めて森羅万象はないということになるのです。五黄土星という星とは、後天定位盤上で中央と八方位に展開して九星の作用（エネルギー）と象意をもつ星であると考えられている理由はここにあるのです。こうして、一白水星から九紫火星までの星（気）が、それぞれの特徴を示しながら働き、その結果が森羅万象となって目の前に展開しているのです。こうしてみれば「見えないから無（な）い、無（な）いから無（む）」ということではないことがわかるでしょう。もし、五黄土星という気（エネルギー）がなかったら、「仏つくって魂入れず」という諺のように、人間をふくめて森羅万象は、形はあっても（否、厳密には、気がなければ、結果的には形もないのですが）自発的に動くことはできず、あたかも人形のように自発的な力（自力）をもたないものとなってしまうのです。

以上のように、五黄土星という気は、形のある人や事物を成り立たせ、動かしているエネルギーのことなのです。しかもそのエネルギーは地上の森羅万象のすべての営みそのものですから、強力なエネルギーなのです。このことは、次にふれるように、年盤上の中宮が五黄土星の年に生まれた人、即ち、本命五黄土星の人の気質にハッキリと表れています。わかりやすく言えば年盤の中宮が五黄土星の年に生まれた人、つまり、生まれて最初に肺の中に五黄土星の気を吸い込んだ人、生々の元気をストレートに取り込んだ人になります。ですから、活力、エネルギーの塊のような気質で、どのような困難に直面しても心が折れることがなく、自分の目的を達成するまでは、最後まで諦めないタフな人物となります。また、八方位の星に、作用・象意を変えて展開するだけの強いパワーを備えているからこそ、融通無碍で度量や懐の大きいタイプになるのです。善行をするなら徹底した善人に、悪行の場合でも、徹底した悪行をする可能性があります。つまりエネルギー、活力が大きいために、善の面でも、悪の面でも徹底して極めるタイプです。「七転び八起き」という言葉は、この星の人の為のような言葉でもあります。このように理解してはじめて、これまでの気学でいう「どん底から這い上がって復活する力量がある」という五黄土星の人の気質も無理なく解釈できるのです。

10

ところで、「五黄土星が生を司る」というのは、全ての人間は年盤の中宮、即ち、後天定位盤の中宮に回座しているときに、五黄土星のエネルギーをうけて世間に生まれてくる、万物が生まれるのであり、具体的には、一白水星から九紫火星までの星を本命星として、しかもその年の盤の中宮の気をうけることによって、それぞれの個別の気の作用・象意を備えて誕生し、それぞれ五黄土星のエネルギーが尽きるまで生命を保ち続けるのです。

つぎに、「死」について触れていきます。即ち、従来の解釈のように、「五黄土星の気は万物を腐敗させ、その結果として万物は死滅する」というのは、負（ネガティブ）の面に偏った解釈です。正確には、五黄土星のエネルギーが後天定位盤上に九星として展開していて、それが本命星としてすべての人間に生命力（エネルギー、活力）として付与されているのですが、「生まれて、生きていく」ということは、時間空間に制限されているということですから、本命星のエネルギー、即ち生命力は時間の経過とともに衰えていき、老化、変形し、生命力が尽きると死して、消滅していくということになるのです。従って、「五黄土星＝死滅」という一面的なものではなく、逆に、永遠不滅の不老長寿の生というものでもなく、年盤、月盤、日盤などの時空間上では、生と死の両面の作用と現象をもつのです。しかも、もうひとつ明確に理解する必要があるのは、生老病死という現象を吉凶禍福で価値判断するのは人間だけであり、厳密に言えば、生老病死自体は自然現象であって、人事事象である吉凶禍福と直ちには結びつかない、ということです。

園田氏の「後天定位の盤は八方位とも五黄の力が行き渡っているから、その上に同会する年盤の星は、定位の星の性質と作用との支配を受けるのみならず、五黄のもつ善悪二道の働きに左右される・・・」（『氣學大全下巻』77頁）という言葉や、あるいは、「八方位は中央の五黄に因らざれば、我が使命を果たすことは出来ない。・・」（『方象講義録　五黄土星』4頁）という言葉は、まさしく「人間にとっては」という条件でのことを述べているのです。

ところで、このエネルギーは先ほどから述べているように、方位によって中央と八方位に特徴づけられるのですが、『周易 説卦傳』に、「震は東方なり、・・巽は東南なり、・・離は南方の卦なり、・・乾は西北の卦なり、坎は北方の卦なり、・・艮は東北の卦なり」と記されている易卦と方位との関係が原点であり、ここに気学方位学の基本があるのです。これは、長い期間にわたって森羅万象の動きのすべてを観察してきた易の先達が獲得した知の遺産といえるのです。これを、気学は引き継いで、一瞬とも絶えることのないエネルギーを五黄土星（生々の気、元気）と捉え、八方位の原点である中央に配置して後天定位盤としたのです。こうして、易経では、「太極」、あるいは「道」と述べて、どうしても曖昧性、抽象的な枠を越えられなかった気を、気学は九星と方位という新たな視点によって、気の運命学までに構築したのです。これは気の思想における一大革命と言っても言い過ぎではないほど重大な出来事だったと言えるでしょう。

後天定位盤

巽		南		坤
	四緑木星 ☴	九紫火星 ☲	二黒土星 ☷	
東	三碧木星 ☳	五黄土星	七赤金星 ☱	西
	八白土星 ☶	一白水星 ☵	六白金星 ☰	
艮		北		乾

以上のように、五黄土星が中央に配置されるということは、後天定位盤上の中央と八方位に一白水星から九紫火星までの星が位置を定めた時点で、九星それぞれの個別の作用と象意、即ち特徴が成立し、以後、九星は四方八方にあまねく展開している五黄土星のエネルギー（作用）をベースにして、年盤、月盤などの方位（配置）によって、九星それぞれの星（気）が特徴をもって展開しているということなのです。このことは、あたかも、ボールが飛ぶのは、エネルギー（五黄土星の生成の気）による作用、そして球種の多様性は、星の方位による九種の作用に喩えることができるのです。これを盤に表したものが後天定位盤であり、そのボールがその時々の球場

の気象などの影響を受けるために微妙に変化するのが、後で述べるように年盤、月盤、日盤、刻盤などの遁行盤ということになるのです。

この盤を文章で表すと、
一白水星の気は、北に展開することによって、その気は水に象徴される作用・象意をもち、易では☵（カン）の卦で表す。

二黒土星の気は、南西に展開することによって、その気は地に象徴される作用・象意をもち、易の☷（コン）の卦で表す。

三碧木星の気は、東に展開することによって、その気は雷に象徴される作用・象意に象徴され、易の☳（シン）の卦で表す。

四緑木星の気は、東南に展開することによって、その気は風に象徴される作用・象意に象徴され、易の☴（ソン）の卦で表す。

五黄土星の気は、中央に展開することによって、その気は動き、変化に象徴されるエネルギーで、易の卦はもたない。

六白金星の気は、西北に展開することによって、その気は天に象徴される作用・象意に象徴され、易の☰（ケン）の卦で表す。

七赤金星の気は、西に展開することによって、その気は沢に象徴される作用・象意に象徴され、易の☱（ダ）の卦で表す。

八白土星の気は、北東に展開することによって、その気は山に象徴される作用・象意に象徴され、易の☶（ゴン）の卦で表す。

九紫火星の気は、南に展開することによって、その気は火に象徴される作用・象意に象徴され、易の☲（リ）の卦で表す。

ということになります。

つまり、森羅万象の生成・変化・消滅に示されているエネルギーが五黄土星（の気）なのですが、中央と八方位の九つの方位に従って九星になると、その五黄土星が九星個別の作用・象意の星（のエネルギー）になるのです。つまり、生成のとき五黄土星から与えられたエネルギーが九星の個別独自のエネルギー、作用となって、星の特徴（易の八卦の作用・象意）を表すのです。

次に、先天定位盤についてふれておきます。

先天定位盤

天

七赤金星 ☱	六白金星 ☰	四緑木星 ☴
九紫火星 ☲		一白水星 ☵
三碧木星 ☳	二黒土星 ☷	八白土星 ☶

地

朱子の『周易本義』に掲げられている先天図は、後天図よりも後に作成されたものといわれています。朱子は「太極」を形而上のもの、即ち、論理と考えていたために、森羅万象の世界（即ち気による現実世界）をあらわす後天図の中宮には太極を配置せず、論理的な世界を表す先天図の中宮に配置したのです。しかし、気学は実用実践の学問ですから、先天定位盤は理論上の盤ということになります。従って、先天定位盤は現実の森羅万象の気を表した盤ではないため、つまり森羅万象のエネルギーである五黄土星とは、直接的な関連のない盤であるために、先天定位盤のどこにも配置されず、中宮も空白になっているのです。この論説の最初に、朱子の先天図、後天図を掲載し、気学の先天定位盤、後天定位盤との異同を指摘しましたが、朱子の後天図に太極がなく、気学では後天定位盤中宮に五黄土星が入っているのも、気学では後天定位盤が実践基準盤、即ち九種類の気のエネルギーの配置盤であることを物語っています。

次に、ここで重要な点について述べておきます。それは、気学ではこのような五黄土星、即ち生成・変化・消滅の作用・現象をになうエネルギーが、「どこに由来するのか？」ということは問題としない、ということです。先ほどの投手とボールの場合で言えば、「ボールがホームベースまで飛ぶこと、その飛ぶ動きがエネルギー」と言いましたが、だからといって、ボールを投げる者（ボールにエネルギーを与える者）が、「どのような投手なのか」ということについては、全く関わらない、ということです。ボールが飛んでいる事実、即ち、気（＝エネルギー）による現実が問題なのであり、投手は誰かを詮索することは、気学の問題ではないのです。それを問題にするのは宗教や哲学の領域です。というよりも、むしろ目の前の現実は、誰も否定することができない「気の自発的運動・自力展開」にほかなりません。これに対して、朱子は、自分の理念である「聖人になること」を思想活動の目的としていたので、気の根拠を「気に優越する絶対的な善、即ち太極」とし、人間にあっては、太極の実現とは修養によって不純な気（人欲）を本来の純粋な気（聖人の気）にすることを求めたのです。そして、園田氏は、朱子の太極を気学の五黄土星と見なしたために、五黄土星（エネルギー）の作用や象意の解釈が、気学から逸脱してしまったのです。

第8節で、園田氏の著書『氣學大全　上巻』「第一章　総論　三、気学の組織内容」にある、「宇宙天地に充ち満ちている浩然の気、大気というものは抑々どこから出ているか、電気とすればその発電所はどこになるかと云うと、宇宙大元の気、即ち気の本源を易に於いては太極と言います。・・・これは気学に於いては、太極即ち宇宙本源の元気、大気が森羅万象、万有万物の姿、形となって現れたものだと云うのと同じ事であります。」という文章を引用しましたが、園田氏は、浩然の気、大気というものは抑々どこから出ているか、と言って、気がどこに由来するかを論じて、それを気の根源＝太極ということを述べているのは、朱子学的発想からすれば当然のことなのです。気の由来、根源のようなものを求めれば、結局、太極というような抽象的な根源論に迷い込んで、朱子と同様の立場になってしまうのです。

11

さて、五黄土星と他の星とのこのような関係を表したのが後天定位盤であるとすると、年々歳々、時々刻々と九星の配置が変わる年盤、月盤などの遁行盤は、どのように理解すればよいのでしょうか。先ほど、投手によって投球されたボールは「飛ぶ」というエネルギーをもつ、と述べましたが、同じ球種でも、当日の球場内の風・温度などの状況によって、ボールの速度、上下左右動などが微妙に変化し、常に全く同じというわけにはなりません。つまり、後天定位盤の九星が周囲のその時々の状況に左右されない星（作用・象意）だとすれば、九星が年々歳々遁行する年盤や月盤の九星の配置が、その時々の状況下にある九星の気をあらわした盤だということができるでしょう。後天定位盤の方位が示す特徴をもった星（気）が、年年歳々、時々刻々、その時々に八方位に展開していることを示している盤が四盤（年盤、月盤、日盤、刻盤）なのです。

この点について園田氏は「天の大命は大気の施行する大作用であって、・・・それで大命も大気であるが、人生も亦気活（生々の気の意味、筆者注）である、成功も気活であり失敗も亦然りで、天の源気は人類の気、動作の気であって、人生の喜怒哀楽の気は、皆この大気の大作用に出発するのである。この大気の研究を気学と称するのである・・・」（『氣學大全　上巻』63頁）、あるいは、「五黄殺の方位を犯せば、すべてのものが死滅しますが、五黄は殺すばかりでなく、生かす作用を持っております。・・・中央とは活動を意味し、生々溌剌たる気運を内蔵しているのであります」（『氣學大全　下巻』21頁）、さらに続けて「宇宙には大気と云う大元気が存在し、この元気が常に絶えず九つの大元素とし、森羅万象に対して、生死活動の一切を支配し・・・」（『氣學大全　上巻』67頁）と述べているように、五黄土星の気は生々の気であり、死はその作用のひとつであって、実は時々刻々、中央と八方位に九種のエネルギーとして展開していると理解していた点が伺われます。五黄土星の作用・象意である生と死のうち、死・滅の作用しか取り上げない巷間の気学とは違って、園田氏は「万物の生死を司ると云うのが、五黄と云う作用であることを知るべし」（『方象講義録　五黄土星』10頁）とあるように、生と死の両面を作用・象意とし、この文脈では正しく理解していることがわかります。

これで、五黄土星の気質面での作用・象意として、「大変な底力を持っていて、失敗しても起き上がる強さがあり、どん底からでも這い上がり、出世する力量がある」とされる理由もわかってきます。こうしてみれば、五黄土星が気学において非常に重要な星であること、極端に言えば、五黄土星の正しい理解なくして気学の正しい理解はない、と言っても過言ではないでしょう。

このように九星の中から五黄土星を抜き出して、焦点を絞って論じている園田氏はさすがであり、この点に着目しただけでも、大正・昭和前期における気学の第一人者とされるのに値します。この園田氏が、とくに五黄土星に注目し、他の星に対して五黄土星の際だった作用と象意を掘り起こした功績が大きいだけ、逆に、朱子の論から完全には脱却できず、その結果、五黄土星の解釈がしばしば揺らいでしまい、結果として五黄土星と五黄殺との差異を明確にすることができなかったのは惜しいというほかありません。しかも、園田氏以降にあらわれた気学の解説書や啓蒙書で、五黄土星の象意として、大災害、殺人、腐敗などの負の面が強調されているため、五黄土星と五黄殺との区分が一段と曖昧になり、年盤の中宮に入った星の人は、後天定位盤の五黄土星と同会するために盛運期に入れつつも、その年一年はジッとしていること、あるいは八方ふさがりの年と解釈されるに至ってしまったのです。

園田氏以降、昭和が幕を閉じ、平成もまた幕を下ろそうとする今日まで、気学を正面から考えようとした後継者があらわれなかったため、五黄土星と五黄殺とが曖昧のままになり、それにともなって、気の解釈も本来の気学からズレてしまったのです。

12

さて、園田氏は「八方位中の何れの宮に五黄土星が在宮していても、此の五黄の在宮せし方位に向かって移動するとか、又は新築をするとか、増築、動土等を行いし人は、五黄殺と云う天地の気を受くるに至って、始めて運命が腐敗する。腐敗せし人の運命を指して、五黄の本体としてはいけない。」（『方象講義録　五黄土星』21頁）と述べていたり、また、「五黄殺は五黄土星そのものではない。」といって、五黄土星の象意や作用と、五黄土星が回座する方位をつかった場合の五黄殺とは違うと考えていたことを伺うことができます。では、五黄殺という大凶方を犯すということはどのようなことなのか、を明らかにしていきましょう。

そもそも、五黄土星の気の作用、即ち「後天定位盤上や遁行盤上の五黄土星に〝同会する〟ときにうける五黄土星の気の作用」と「五黄土星回座方位に〝向かう〟ときにうける五黄土星の気の作用」とは違うのです。例えば、草木の息吹をはじめ、生々、成熟など自然の恵みがある一方、その反対側には、大地震、水害、山火事など、自然の猛威を示す大災害があります。しかし、繰り返し指摘してきたように、調和する大自然を恵みとし、あるいは災害などを凶としてうけとめるのは人間であって、本来はエネルギーがもたらす作用、働きであり、この両面をもつのが、時空間に制約された年月盤上の五黄土星の気の作用、その作用の現象（象意）なのです。

このように、五黄土星の気は、個別の時空間にあっては、誕生時に付与された生のエネルギーとしては、私たちを生かせてくれる気であると同時に、生ゴミなど有機物を地中で溶解・消化して腐敗・無化する作用の気、あるいは、そのような土の分解作用に代表される「変化」の作用の気、そして、万物に消滅をもたらす気でもあるのです（但し、すでに再三指摘してきたように、私たち人間にとって有害である場合にのみ、「害悪、極悪、大凶」とされるのであって、人間が関わらなければ、腐敗も生ゴミも有害でも大凶でもないのです）。

ところが、園田氏は他方では「人を殺すのも、万物を殺すのも、殺すと云う天理は一ツである。地球面上に至る所が此の作用のみであるから、是を天下の中央と謂う。即ち、地球全面が中央であり、又、五黄殺である。」（『方象講義録　五黄土星』8頁）と述べたり、あるいは、「天地間の大気に五黄殺と云う気が在って、腐敗に導くのである。」（同20頁）、さらには「人事上の一切のものは皆死すると云うことになるのが五黄殺と云う所以である」（同21頁）と述べていて、五黄土星と五黄殺との区別が曖昧、あるいは揺れてしまうのです。すでに触れたように、一方では五黄土星を正しく捉えて、「腐敗せし諸物は、五黄と云う気に支配せられて腐敗するのであるから、腐敗物としてはならぬ」(『方象講義録　五黄土星』19頁)とあって、五黄土星と五黄殺とを区分しているにもかかわらず、他方では、五黄土星と五黄殺とが混同して扱われているのです。ここに園田氏の論理の不徹底さがあるのです。

13

では、なぜ遁行盤上では五黄殺という大凶方になるのか、即ち、何故、万物のエネルギーである五黄土星が、その方位を使う人に対して年盤や月盤などの盤では大凶方の作用をもつようになるのか、ということですが、以下のように理解することができます。

即ち、後天定位盤の中宮に位置する五黄土星は、エネルギーであり作用なのが、ひとたび年盤や月盤上において、五黄土星が回座する方位に人間が向かうと、五黄殺という腐敗、自滅、破滅などの大凶現象を引き起こすのは、人間の側も同じ五黄土星があるからというところに理由があるのです。これまで述べた様に、九星のいずれの星の人であっても、この世に生を授かるということは五黄土星のエネルギーによるものであり、生まれるときに体内に取り込む気というものは、その年、月の中宮の九星の気ですが、実はそれとともに、エネルギーである生成の気(五黄土星の気)もあわせて体内に取り込むということでもあるのです。従って、本人の本命星(九星)がいずれであっても、人間は本命の気のベースとして、五黄土星の気をもっているということになります。従って、そのような人間が(本命星の九星が何であれ)五黄土星回座方位に向かうということは、結局、自分の本命の気がベースとしてもっている五黄土星の気と同じ気に向かっていくことになります。このことは、陰と陰、陽と陽との対立のように、同じ者同士の激しいぶつかり合い、いわば凸と凹ではなく、凸と凸、あるいは凹と凹同士の場合だと激しく衝突する、互いに激しく反発し合うという作用を引き起こすことと同じなのです。とくに、生々の気である五黄土星の気は自分の生存欲求、エゴや自己愛を突き動かされる衝動のような「生きようとするエネルギー」であり、九星の別なく本命の気のベースとして、すべての本命星に共通しているものですから、極めて強いエネルギーであり、五黄殺を使えば、容易にその人の生存を支えている本命の気を壊滅するだけの強さが発揮されるということなのです。

このように、九星のいずれであれ、五黄土星の気をベースにしている人間が、同じ五黄土星の気が展開している方位に向かうということは本命殺を犯すのと同じ事であり、厳密に言えば、凶象意が限定されている本命殺よりも、生存に直結しているために一段と凶意が強く、九星の象意が契機となって凶現象が起こり、その結果、移転などで長期に本命殺を犯す状態になると、ついには本命星のベースである五黄土星の気同士の衝突となり、事態が深刻になるということです（また、本命が五黄土星であれば五黄殺であり、同時に本命殺ということになります）。要するに人間には本命星の気のベースに五黄土星の気があるために、五黄土星が回座している方位に向かうことは、凸と凸、あるいは凹と凹との関係となり、極めて激しい気の対立を生ずることになるのです。言葉をかえれば、陰陽相対を基本とする人間万物のバランスのとれた心身の状態を破壊すること、即ち、中庸を破壊することは、その結果として生命や生活環境の破壊を招くのです。このように、五黄土星が回座する方位に向かうということは、本命の気のバランスを崩す強烈な気の流れをうける（五黄土星のエネルギー作用をうける）ということになるのです。同時に、五黄土星の対冲の方位を使うということになると、対冲の理から暗剣殺という大凶殺を被ることになり、同じく人間の本命の気を損なう大凶殺になるのです。

こうして五黄殺方位への移動は、即ち、私たち人間にとっては生命に関わる大凶方になってしまうのであり、これが五黄殺の真意なのです。この五黄殺の方位を使うことこそ、その結果として、自滅、家庭崩壊、大事故、凶悪事件に巻き込まれるという、取り返しのつかない事態にみまわれるのです。それは、あたかも高圧電流にふれて一瞬にして感電死するようなもので、私たちは、電流それ自体を目でみることはできませんが、しかし、それに触れれば、即座に死を招くようなものなのです。五黄殺とはそのような気の作用であり、その作用の結果、大凶の事態を招くのです。従って、巷の気学教室で話されている「五黄土星は腐敗の気であるから、五黄殺の災いを被る」というのは正しくありません。すでに繰り返し述べてきたように、本来、五黄土星の気は生々の気（元気）であるのですから、自然現象には「五黄殺」という凶方はないのです。ですから「五黄土星は腐敗させる作用だから、腐敗の気＝五黄殺」とするのでは、二重の意味で誤りになるのです。まず、五黄殺とは人間の価値観によるものであり、もう一つの誤解は、このような論（五黄土星＝腐敗の気と偏って）で解釈すると、極端に言えば、本命五黄土星の人は、「生まれつき極悪人の気質をもっている人、心身が腐敗している人」ということになってしまうからです。

14

次に、年盤や月盤の五黄土星に同会する場合、即ち、運気判断の場合について述べておきます。

「同会」とはあらかじめ二種類の盤（例えば年盤と月盤）があり、この盤を上下に重ねて、「同会」という関係から本命星への影響を判断する運気鑑定の基本的技法のことです。

さて、後天定位盤の中宮に回座したり、年盤の五黄土星に同会した場合には、五黄土星の気の激しい変化作用をうけるため、これまでの努力が成果として現象する、活気がみなぎる、周囲の注目を浴びる、自信過剰になる、万能感に浸って足を踏み外す、境遇が激変する、転職、移転したくなるなど、良くも悪くも大きい変化を起こす、あるいは、うけることになります。人間の運気の吉凶というものはこのようにして動くのです。

但し、ここで大変重要なことは、生まれて以降は、年盤上や月盤上でどの星に同会しようとも、同会した星の気をその都度、本命の気としては受け入れないということです。つまり人間の本命星、月命星は、生まれた直後に吸い込んだ中宮の気（後天定位中宮の気と年盤、月盤の中宮の気）、従って、それ以降に肺臓に入った気は、本命星の気、あるいは、月命星の気として作用することはないということです。例えば、誕生後、年盤あるいは月盤で五黄土星に同会する場合は、本命星を構成するのではなく、五黄土星の強いエネルギーをうけて、気持ちが高揚したり、万能感に浸ったりするのです。

いずれにしても、他方では、五黄土星を方位として使った場合、五黄殺という凶意の作用をうけ、五黄土星と同会した場合、つまり運気判断の場合は、強い変化を受けるのであり、時空間の制約をうけない後天定位盤での、生々たる気エネルギーである五黄土星とは作用が異なるのです。生々の気、即ち、エネルギーは時空間の制約のもとでは、人間にとって高揚感、万能感、環境としては激変として作用するのですが、この点について園田氏は十分な考察ができていないと思われます。例えば、前掲の「あらゆる万物は皆地球が飼育するのである。人を殺すのも、万物を殺すのも、殺すと云う天理は一ツである。地球上に至る所が此の作用のみであるから、是を天下の中央と謂う。即ち地球全面が中央であり、又五黄殺である。」というように、しばしば五黄土星と五黄殺とを同一として考えているのです。

この点については、次のようにも言うことが出来ます。即ち、年盤の八方位の星は、いずれも後天定位盤の五黄土星の（生々の気、エネルギー）をベースとしていますが、「五黄土星の気がベース」といっても、九星それぞれの特徴をもつ気の下層、あるいは芯に五黄土星の気がベースとして形状的に「重層になっている」わけではありません。「重層的」と表現すると、気を「動き（エネルギー）」ではなく「形体」と勘違いしやすいですから、此の点を注意する必要があります。

以上、寄り道しましたが、五黄土星の作用・象意、五黄土星の回座する方位へ向かった場合の作用・象意、五黄土星に同会した場合の作用・象意、という三つの局面には明確な区分があることを解説してきました。

15

ここで、これまで明らかにしてきた五黄土星と五黄殺についてまとめますと、

(1)五黄土星の作用＝森羅万象、万物の生成・変化・消滅に示されるエネルギーのこと。九星のベースとなっているエネルギーのこと。

(2)五黄土星の象意＝人象ならば、組織のリーダー、皇帝、大政治家、不屈の人、胆力のある人、自己中心的な人、果てしない欲をもつ人、何を考えているかわからない人、破天荒、常識外れの人、極悪、非道の人など。事象としては、中央、牽引力、成就、繁栄、結実、爛熟などの正の現象、大災、大惨事、極悪、死体や腐廃物などの人が忌み嫌う負の現象。

(3)五黄土星を本命星とする人の人柄＝良くも悪くも活力が漲っている、我が強く自己中心的、強欲、権力欲が強い、懐が大きい、善も悪も徹底して行う、決して諦めないなど。

(4)五黄土星に同会した時にうける作用・象意＝良くも悪くも激変(する)、良くも悪くも周囲の注目を浴びる(状況)、万能感や高揚感(に浸る)、変化を求める気持ちが強くなる(状況)など。

(5)五黄殺を犯した場合の作用・象意＝強烈な自滅や崩壊作用(をうける)、惨劇(にあう)、殺人や強盗など

の犯罪（に巻き込まれる、を起こす）など。

というようになります。

16

これまで、五黄土星と五黄殺について多角的に検討してきました。まず第一は、気学は「信じる、信じない」というような、所謂「宗教」ではありません。ですから、気学を基礎づけようとして世界論や存在の真理を説くことはありません。そもそも、宗教というものは信仰であり、人間、あるいは世界が如何にしてあるか、という論理（所謂「形而上学」）がなければ、求心力をもつことができません。園田氏の場合は、もともと宗教的な信念をもっており、そのため修身論を目的にした朱子の論理にそって、太極＝絶対善と五黄土星＝五黄殺という二つの面を混在して解釈することになってしまったのです。

　事実、園田氏の心には宗教的な価値観がずっしりと占めていました。「日蓮聖人は未来を知る者は聖人であると言って居りますが、気学は未来を知る法であって、・・・・」（『氣學大全　上巻』93頁』）と述べたり、あるいは「太極は即ち無極、無極は即ち太極、『無は有を生ずる』の根源であって、正に神明或いは真如と云うべきものとも述べています。この太極が動いて陰陽の作用を発し・・・万物万有が太極の一点より生じ、出現したものであることを、示すものであります。」（同94頁）と述べています。このような親鸞に対する情熱的な言葉は他にも枚挙に暇がないほどで、いずれも、園田氏の宗教的信念と気学の解釈が原因で、太極と五黄土星の関係が偏って解釈されてしまったのです。

このように、現実の（気）のみに注目し、その現実の（気）のエネルギーだけを問題とする気学の範囲を越えて現実（気）の根源は何か、というところまで踏み込むと、宗教や哲学になってしまいます。園田氏の五黄土星と太極をめぐる曖昧さの原因は、彼自身が自分の宗教的価値観を気学の中で展開しているところにあるのです。繰り返しますが、気学にとって道徳論や修養論のような抽象論は関係がありません。気学の真骨頂は、気と正面から向き合い、気の作用を如何に上手く応用して、現実をスムーズに生き、自分の望みを実現していくかということ、これに尽きるのです。

現実世界はすべて九種の気から成り立つとする気学にとって、もし、あえて気学の存在論とは、と問われれば、「気一元論（すべては気から成り立っている）」というべきものなのです。つまり、人間は人生のあらゆる局面で気の作用・影響をうけ、その結果として吉凶が生じるのです。園田氏が朱子の理気太極論のように五黄土星を太極とみなして、それを万物の本源としつつ、他方で五黄土星を含めた九種の気を九星とすることは、気学の論理を混乱させるだけになってしまうのです。これが私が「気学は宗教ではない」という根拠なのです。「気学は宗教ではないか？」という疑問や批判に対して、巷の気学者が「気学は宗教ではない！」と声を大にして反論しても、根拠のない反論であっては説得力がありません。本稿のような論を経て、はじめて「気学は宗教ではなく、気を活用する実践運命学である」ということができるのです。人間は気の自発的・自動的運動のまったた中に生きており、気学というものは、この現実を前提にしてはじめて成り立っているのです。

以上、九星の気すべてに行き渡っているエネルギーとして五黄土星と五黄殺との違いについて明らかにし、園田氏の五黄土星の解釈が不徹底であったために、五黄土星と五黄殺との相違が曖昧になってしまったということを明らかにしてきました。これで、五黄土星という星の特徴も、五黄土星が回座する方位に向かうことによる「五黄殺の凶意の深刻さ」と、これに対して、五黄土星に同会するということは、「高揚したり、思わぬ力を発揮して周囲の注目をあびたり、過去の結末をつけることになったり、という激変の作用をうける」ことであること、このふたつの違いが明らかになったことと思います。これが五黄土星と五黄殺の違いであり、これを明確に知ることよって、はじめて方位を鑑定する眼、人間を鑑定する眼、運命を鑑定する眼をしっかりともつことができるのであり、この力を身につけるところに気学の真髄と気の真相があるのです。

(『気学の真髄』は、平成二十九年四月十日、同名の題目で聖法氣學會創立六十周年記念論文集として発表致しましたが、このたび『実践する気学』を出版するにあたり、加筆修正し完全版としました。)

おわりに

本書では、相性、運命、家相などの観方を具体、実践する立場から紹介して参りました。気学を学んでも、実際に自分の運気をみようとすると、なかなか判断が難しく、また相性は、従来は単純に五行の相生、相剋の関係から見たものがほとんどでした。しかし、本書は、その不完全燃焼状態を打ち破るごとく、「気」とは、「運命」とは、「家相」とは、など全般にわたり、深く追求し、説明しています。気学を究めたいとする方々にとっては、必須の参考書になる筈です。それは、とりもなおさず、本書『実践する気学』を出版するにあたって、気学の原点に立ち返り、しかも、具体的で実用性のある気学のすべてを著しておきたいという松田統聖先生の強い思いがこもっているからにほかなりません。第一章「相性の観方」は、恩師、松田統聖先生の理論をベースに、私が担当させて頂きました。また、第三章「家相の観方」では家相図関係の作成を担当いたしました。

このような経緯で出来上がった『実践する気学』です。気学に関心をもたれる皆様にとって、さらに奥行きのある気学への道しるべとなることを願っております。

最後に、本書の出版にご尽力を頂いた株式会社東洋書院に深い感謝の意を表します。

平成三十年一月

伊藤　聖優雨

関係図表一覧

〔月盤一覧表〕

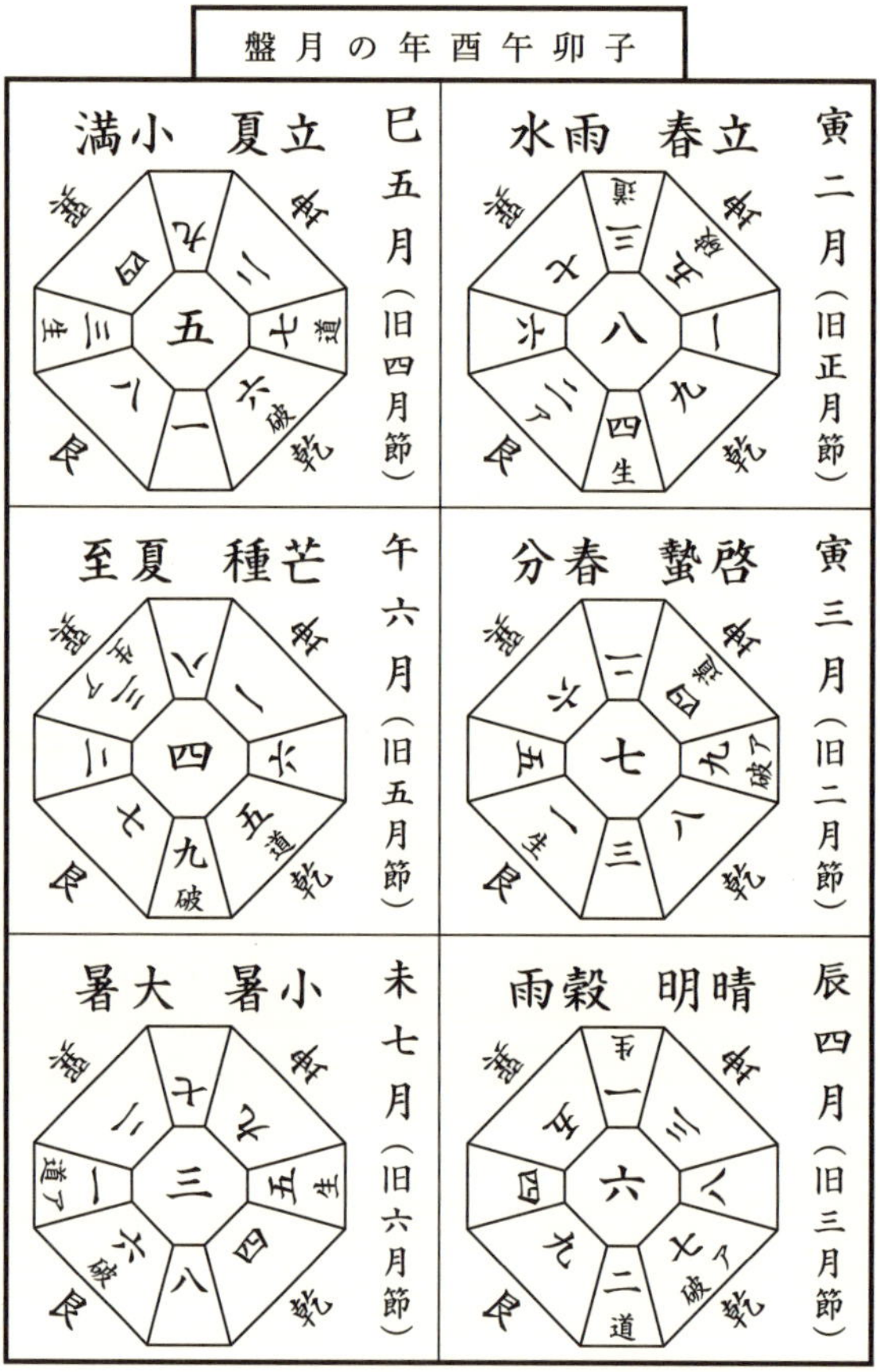
子卯午酉年の月盤
寅 二月（旧正月節）
立春 雨水
巳 五月（旧四月節）
立夏 小満
寅 三月（旧二月節）
啓蟄 春分
午 六月（旧五月節）
芒種 夏至
辰 四月（旧三月節）
晴明 穀雨
未 七月（旧六月節）
小暑 大暑

(4.9)**七** (3.8)**四** (1.6)**一**

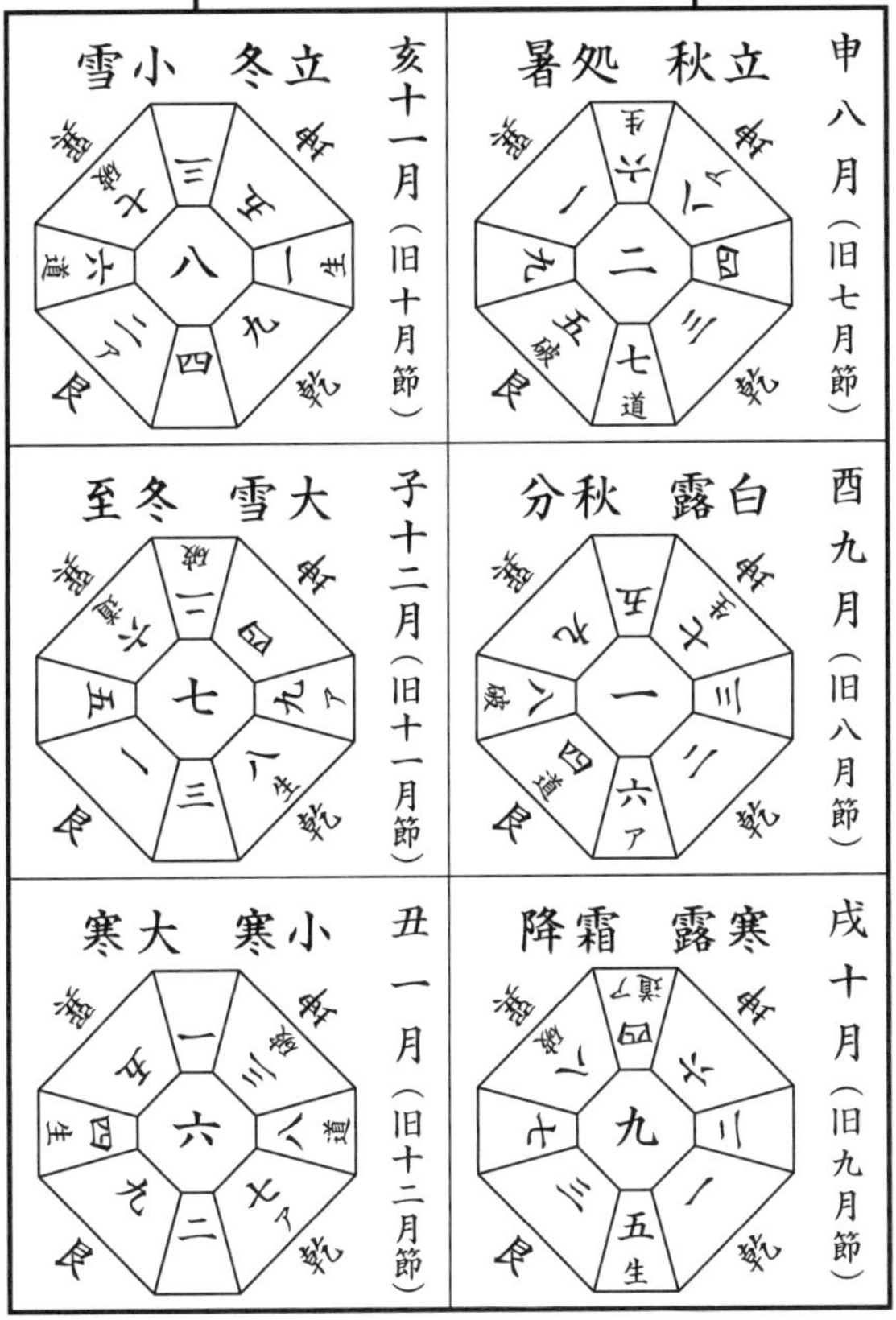
申 八月（旧七月節）
立秋 処暑
亥 十一月（旧十月節）
立冬 小雪
酉 九月（旧八月節）
白露 秋分
子 十二月（旧十一月節）
大雪 冬至
戌 十月（旧九月節）
寒露 霜降
丑 一月（旧十二月節）
小寒 大寒

丑辰未戌年の月盤

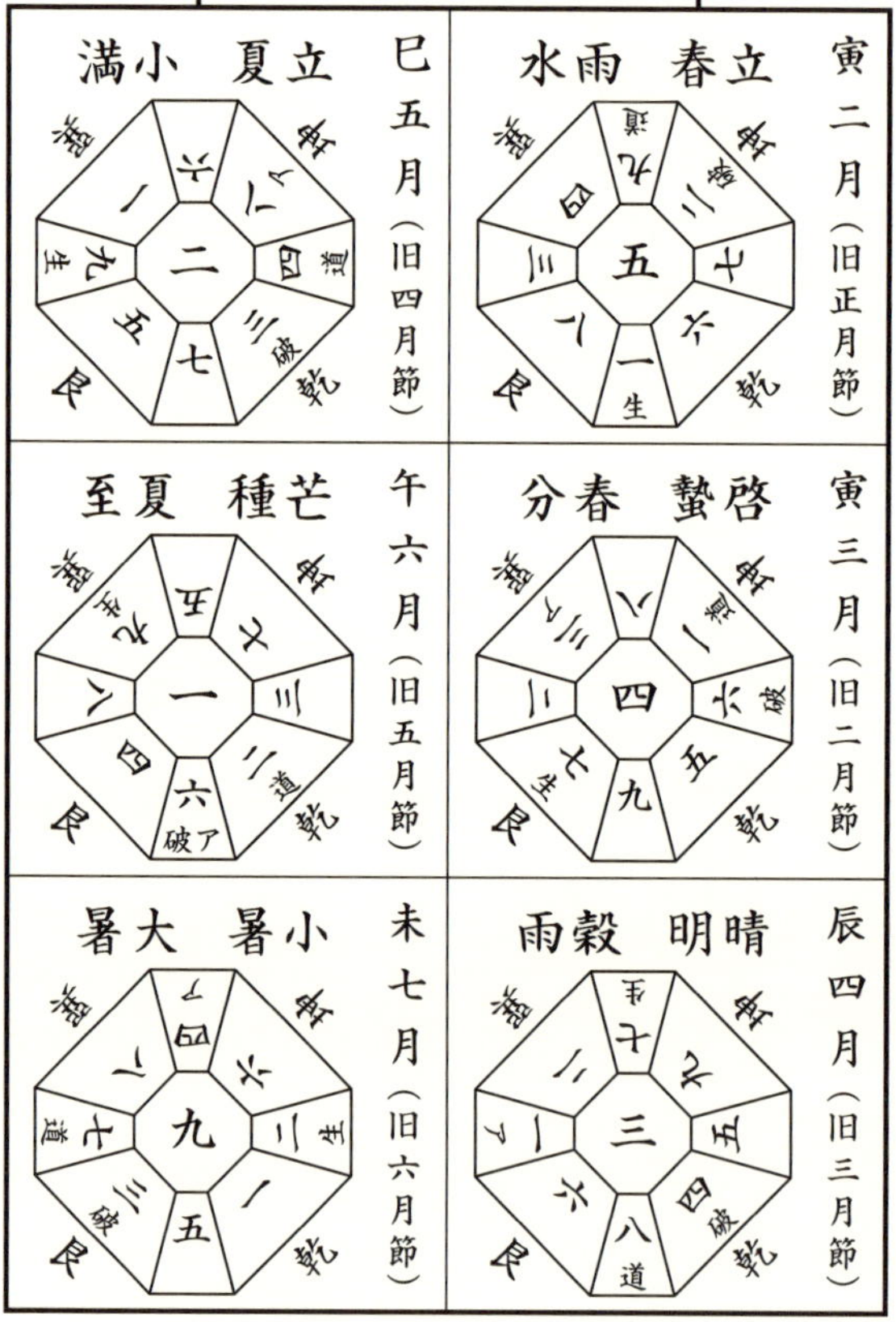
寅二月（旧正月節）
立春　雨水
寅三月（旧二月節）
啓蟄　春分
辰四月（旧三月節）
晴明　穀雨
巳五月（旧四月節）
立夏　小満
午六月（旧五月節）
芒種　夏至
未七月（旧六月節）
小暑　大暑

(2.7)九　(4.9)六　(3.8)三

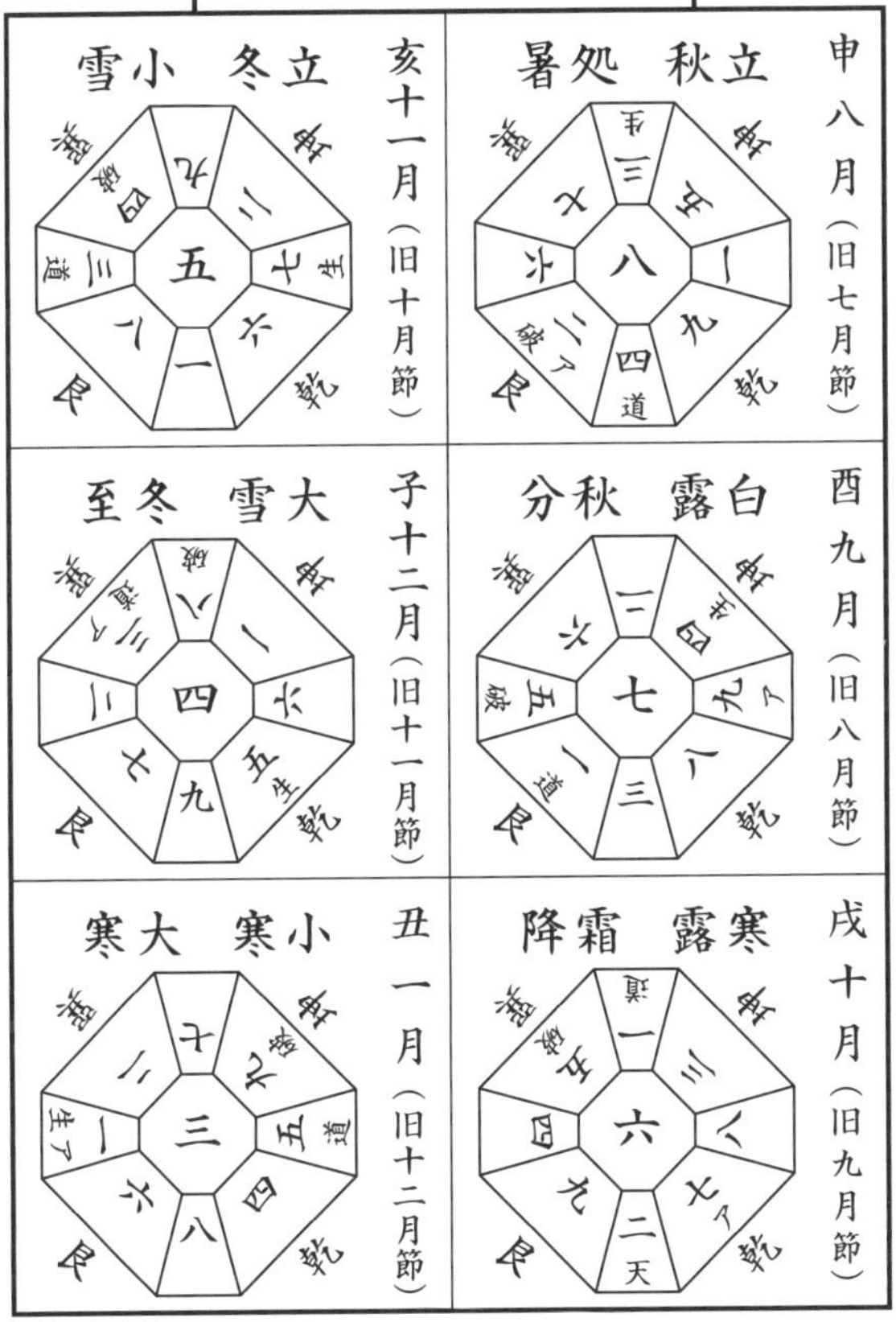
申八月（旧七月節）
立秋　処暑
亥十一月（旧十月節）
立冬　小雪
酉九月（旧八月節）
白露　秋分
子十二月（旧十一月節）
大雪　冬至
戌十月（旧九月節）
寒露　霜降
丑一月（旧十二月節）
小寒　大寒

寅巳申亥年の月盤

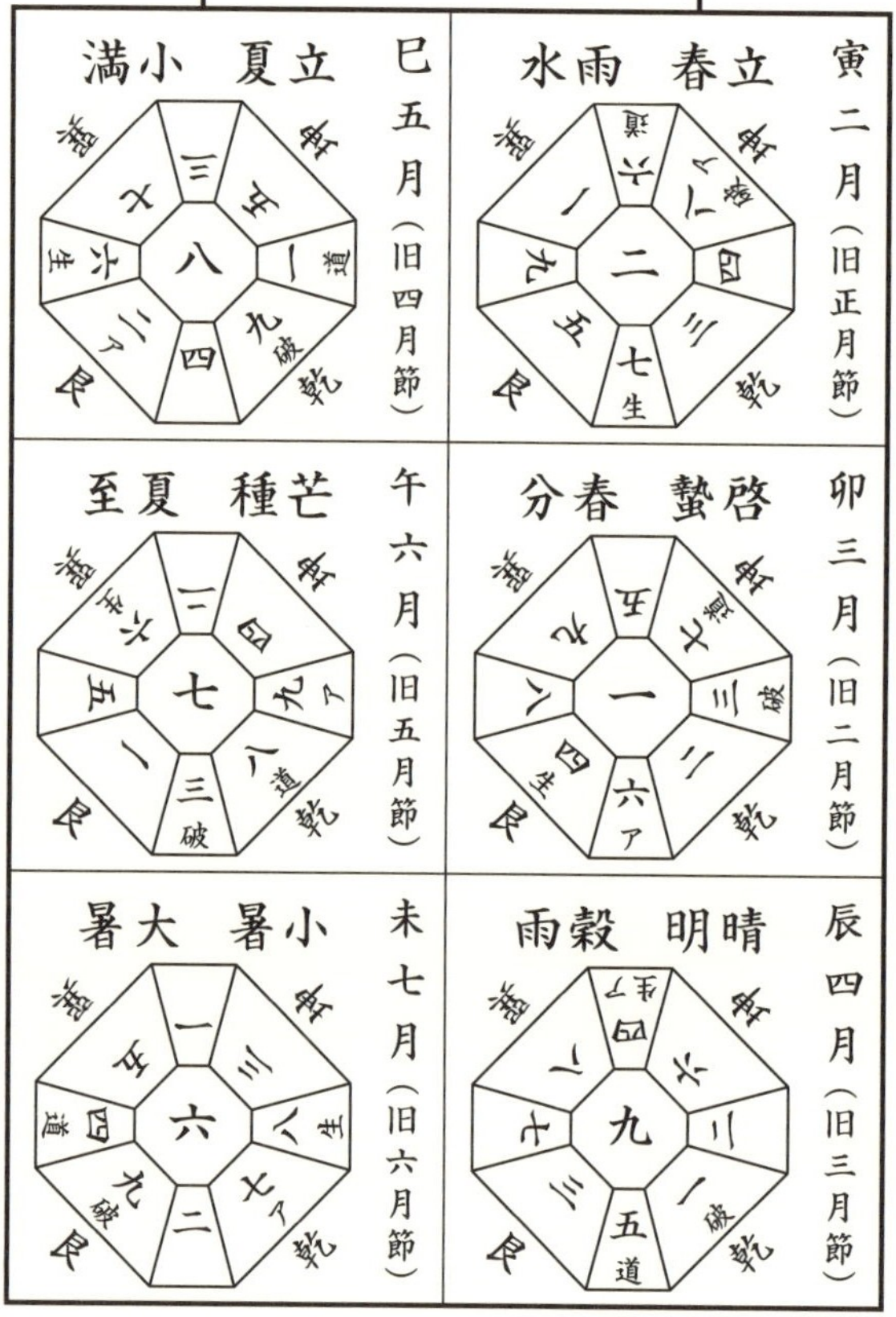

寅 二月（旧正月節）
立春 雨水
巳 五月（旧四月節）
立夏 小満
卯 三月（旧二月節）
啓蟄 春分
午 六月（旧五月節）
芒種 夏至
辰 四月（旧三月節）
晴明 穀雨
未 七月（旧六月節）
小暑 大暑

(5.10)八 (5.10)五 (5.10)二

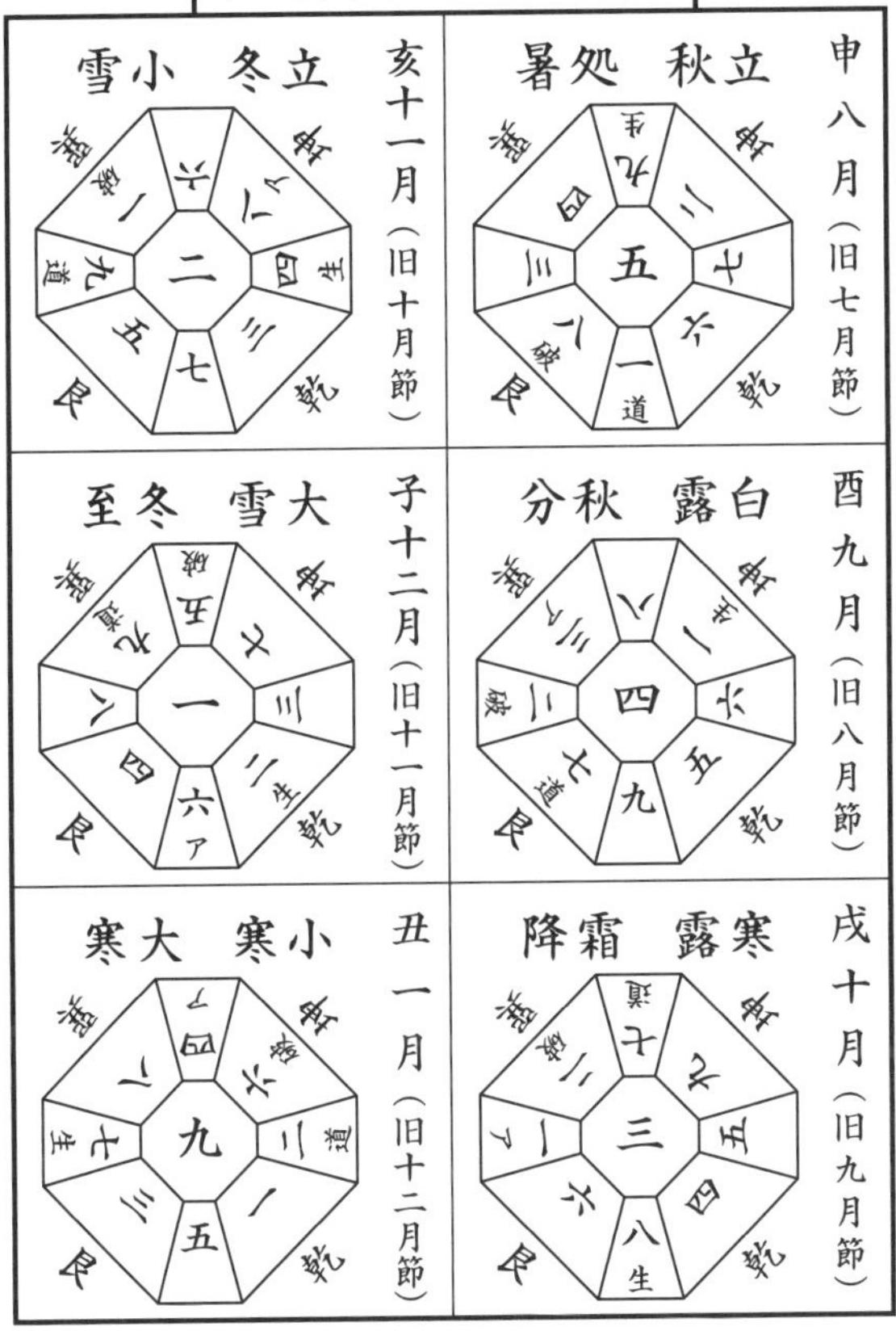

五黄土星	六白金星	七赤金星	八白土星	九紫火星
坎宮傾斜	離宮傾斜	艮宮傾斜	兌宮傾斜	乾宮傾斜
坤宮傾斜	坎宮傾斜	離宮傾斜	艮宮傾斜	兌宮傾斜
震宮傾斜	坤宮傾斜	坎宮傾斜	離宮傾斜	艮宮傾斜
巽宮傾斜	震宮傾斜	坤宮傾斜	坎宮傾斜	離宮傾斜
傾斜なし	巽宮傾斜	震宮傾斜	坤宮傾斜	坎宮傾斜
乾宮傾斜	傾斜なし	巽宮傾斜	震宮傾斜	坤宮傾斜
兌宮傾斜	乾宮傾斜	傾斜なし	巽宮傾斜	震宮傾斜
艮宮傾斜	兌宮傾斜	乾宮傾斜	傾斜なし	巽宮傾斜
離宮傾斜	艮宮傾斜	兌宮傾斜	乾宮傾斜	傾斜なし

［別 表］

本命星	月命星	気質の５０％
一白水星	一白水星	九紫火星
二黒土星	二黒土星	六白金星
三碧木星	三碧木星	四緑木星
四緑木星	四緑木星	三碧木星
五黄土星	五黄土星	男性 七赤金星 女性 六白金星
六白金星	六白金星	二黒土星
七赤金星	七赤金星	八白土星
八白土星	八白土星	七赤金星
九紫火星	九紫火星	一白水星

〔傾斜早見表〕

本命星＼月命星	一白水星	二黒土星	三碧木星	四緑木星
一白水星	傾斜なし	巽宮傾斜	震宮傾斜	坤宮傾斜
二黒土星	乾宮傾斜	傾斜なし	巽宮傾斜	震宮傾斜
三碧木星	兌宮傾斜	乾宮傾斜	傾斜なし	巽宮傾斜
四緑木星	艮宮傾斜	兌宮傾斜	乾宮傾斜	傾斜なし
五黄土星	離宮傾斜	艮宮傾斜	兌宮傾斜	乾宮傾斜
六白金星	坎宮傾斜	離宮傾斜	艮宮傾斜	兌宮傾斜
七赤金星	坤宮傾斜	坎宮傾斜	離宮傾斜	艮宮傾斜
八白土星	震宮傾斜	坤宮傾斜	坎宮傾斜	離宮傾斜
九紫火星	巽宮傾斜	震宮傾斜	坤宮傾斜	坎宮傾斜

1．傾斜とはその人の月命盤を作成したとき、その盤上に回座している本命星の宮をいい、その宮がもつ気質の３０％を支配するとみる。(詳しくは第二章 運命の観方を参照)

2．本命・月命が同じ場合、傾斜はない。
但し、気質への支配が別表のようになる。

生　年	西暦	干支	九星	齢	生　年	西暦	干支	九星	齢
44	1969	己酉	四緑	50	6	1994	甲戌	六白	25
45	1970	庚戌	三碧	49	7	1995	乙亥	五黄	24
46	1971	辛亥	二黒	48	8	1996	丙子	四緑	23
47	1972	壬子	一白	47	9	1997	丁丑	三碧	22
48	1973	癸丑	九紫	46	10	1998	戊寅	二黒	21
49	1974	甲寅	八白	45	11	1999	己卯	一白	20
50	1975	乙卯	七赤	44	12	2000	庚辰	九紫	19
51	1976	丙辰	六白	43	13	2001	辛巳	八白	18
52	1977	丁巳	五黄	42	14	2002	壬午	七赤	17
53	1978	戊午	四緑	41	15	2003	癸未	六白	16
54	1979	己未	三碧	40	16	2004	甲申	五黄	15
55	1980	庚申	二黒	39	17	2005	乙酉	四緑	14
56	1981	辛酉	一白	38	18	2006	丙戌	三碧	13
57	1982	壬戌	九紫	37	19	2007	丁亥	二黒	12
58	1983	癸亥	八白	36	20	2008	戊子	一白	11
59	1984	甲子	七赤	35	21	2009	己丑	九紫	10
60	1985	乙丑	六白	34	22	2010	庚寅	八白	9
61	1986	丙寅	五黄	33	23	2011	辛卯	七赤	8
62	1987	丁卯	四緑	32	24	2012	壬辰	六白	7
63	1988	戊辰	三碧	31	25	2013	癸巳	五黄	6
平成 元	1989	己巳	二黒	30	26	2014	甲午	四緑	5
2	1990	庚午	一白	29	27	2015	乙未	三碧	4
3	1991	辛未	九紫	28	28	2016	丙申	二黒	3
4	1992	壬申	八白	27	29	2017	丁酉	一白	2
5	1993	癸酉	七赤	26	30	2018	戊戌	九紫	1

九星・干支年齢早見表

生　年	西暦	干支	九星	齢	生　年	西暦	干支	九星	齢
大正　8	1919	己未	九紫	100	19	1944	甲申	二黒	75
9	1920	庚申	八白	99	20	1945	乙酉	一白	74
10	1921	辛酉	七赤	98	21	1946	丙戌	九紫	73
11	1922	壬戌	六白	97	22	1947	丁亥	八白	72
12	1923	癸亥	五黄	96	23	1948	戊子	七赤	71
13	1924	甲子	四緑	95	24	1949	己丑	六白	70
14	1925	乙丑	三碧	94	25	1950	庚寅	五黄	69
昭和 元	1926	丙寅	二黒	93	26	1951	辛卯	四緑	68
2	1927	丁卯	一白	92	27	1952	壬辰	三碧	67
3	1928	戊辰	九紫	91	28	1953	癸巳	二黒	66
4	1929	己巳	八白	90	29	1954	甲午	一白	65
5	1930	庚午	七赤	89	30	1955	乙未	九紫	64
6	1931	辛未	六白	88	31	1956	丙申	八白	63
7	1932	壬申	五黄	87	32	1957	丁酉	七赤	62
8	1933	癸酉	四緑	86	33	1958	戊戌	六白	61
9	1934	甲戌	三碧	85	34	1959	己亥	五黄	60
10	1935	乙亥	二黒	84	35	1960	庚子	四緑	59
11	1936	丙子	一白	83	36	1961	辛丑	三碧	58
12	1937	丁丑	九紫	82	37	1962	壬寅	二黒	57
13	1938	戊寅	八白	81	38	1963	癸卯	一白	56
14	1939	己卯	七赤	80	39	1964	甲辰	九紫	55
15	1940	庚辰	六白	79	40	1965	乙巳	八白	54
16	1941	辛巳	五黄	78	41	1966	丙午	七赤	53
17	1942	壬午	四緑	77	42	1967	丁未	六白	52
18	1943	癸未	三碧	78	43	1968	戊申	五黄	51

※年齢は数え年・大正15年は12月25日まで・昭和64年は1月7日まで
※一年の期間は（当年2月4日立春～翌年2月3日節分まで）

九星・干支組み合せ図

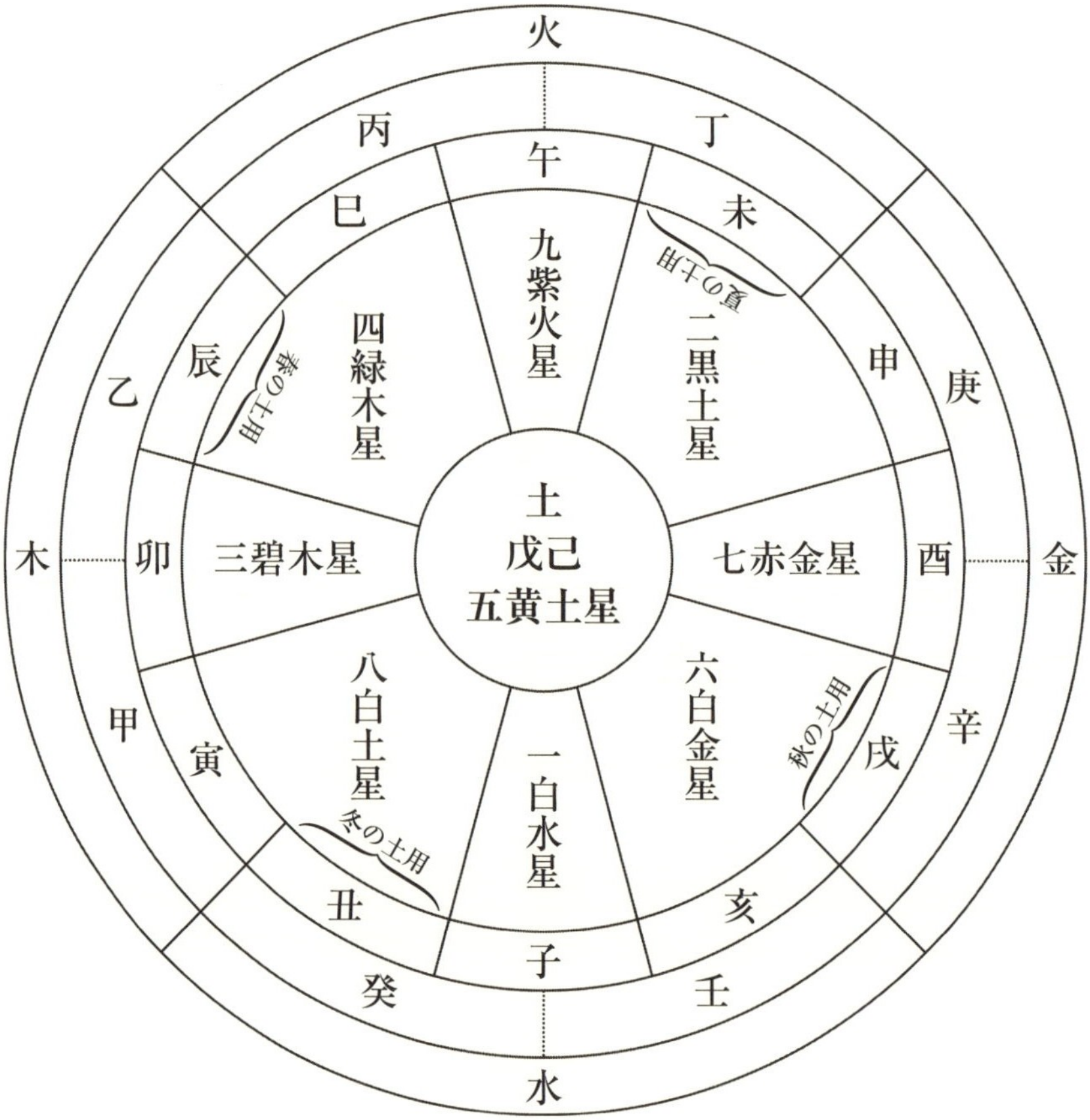
火
丙
丁
午
巳
未
夏の土用
九紫火星
四緑木星
二黒土星
辰
申
乙
庚
春の土用
土
戊己
五黄土星
木
卯
三碧木星
七赤金星
酉
金
八白土星
六白金星
秋の土用
甲
辛
寅
戌
一白水星
冬の土用
丑
亥
子
癸
壬
水

【著者略歴】

松田統聖

東京教育大学・大学院哲学科博士課程在籍　筑波大学専任講師（中国哲学）

韓国精神文化研究院に招聘され、韓国にて易学、太極論の研究を深める。

その後、運命学に専念するため筑波大学を退官。

現在、正統気学の確立者として講義・鑑定を指導　聖法氣學會会長（現職）。

著書に「九星の秘密」「気学の力」「運命の見方」「家相の見方」「気学の真髄」など多数。

伊藤聖優雨

明治大学 文学部卒（日本文学専攻）結婚、育児を経て、社会活動を再開する。

経営学を学び、各種のライセンスを取得し、異色の経験をする。

故あって松田統聖師にめぐり逢い、以後、松田統聖師に師事 気学をはじめ、広く運命学を研究 。

現在、聖法氣學會常任幹事　気学普及会「風の会」を主宰。

実践する気学

２０１８年３月１日　初版発行

定価――本体３、０００円＋税

著　者――松田統聖／伊藤聖優雨

発行者――斎藤　勝己
発行所――株式会社東洋書院
〒１６０－０００３　東京都新宿区四谷本塩町15―8―8F
電　話　０３－３３５３－７５７９
ＦＡＸ　０３－３３５８－７４５８
http://www.toyoshoin.com
印刷所――シナノ印刷株式会社
製本所――株式会社難波製本

ISBN978-4-88594-514-4